彭凡 著

化学工业出版社
·北京·

图书在版编目（CIP）数据

历史穿越报.宋朝卷/彭凡著.—北京：化学工业出版社，2018.9（2024.2重印）
ISBN 978-7-122-32748-2

Ⅰ.①历⋯ Ⅱ.①彭⋯ Ⅲ.①中国历史-宋代-青少年读物 Ⅳ.①K209

中国版本图书馆CIP数据核字（2018）第170491号

责任编辑：刘亚琦　丁尚林　　　　　　装帧设计：尹琳琳
责任校对：宋　夏

出版发行：化学工业出版社（北京市东城区青年湖南街13号　邮政编码100011）
印　　装：天津图文方嘉印刷有限公司
710mm×1000mm　1/16　印张13　2024年2月北京第1版第10次印刷

购书咨询：010-64518888　　售后服务：010-64518899
网　　址：http://www.cip.com.cn
凡购买本书，如有缺损质量问题，本社销售中心负责调换。

定　价：39.80元　　　　　　　　　　　　　　　版权所有　违者必究

宋朝帝王世系表

姓名	庙号	在位时间
北　宋		
赵匡胤（yìn）	宋太祖	960—976 年
本名赵匡义，又名赵光义	宋太宗	976—997 年
赵恒	宋真宗	997—1022 年
赵祯	宋仁宗	1022—1063 年
赵曙	宋英宗	1063—1067 年
赵顼（xū）	宋神宗	1067—1085 年
赵煦（xù）	宋哲宗	1085—1100 年
赵佶（jí）	宋徽宗	1100—1125 年
赵桓（huán）	宋钦宗	1125—1127 年
南　宋		
赵构	宋高宗	1127—1162 年
赵昚（shèn）	宋孝宗	1162—1189 年
赵惇（dūn）	宋光宗	1189—1194 年
赵扩	宋宁宗	1194—1224 年
赵昀（yún）	宋理宗	1224—1264 年
赵禥（qí）	宋度宗	1264—1274 年
赵㬎（xiǎn）	宋恭帝	1274—1276 年
赵昰（shì）	宋端宗	1276—1278 年
赵昺（bǐng）	宋帝昺	1278—1279 年

宋朝卷

前 言

　　一般的历史书，记录的都是过去的回忆。但是，我相信，人们更想亲自回到古代，看看古人的真实生活、历史的真实面貌。

　　如果回到过去，你会发现，那时的土地，就像现在的房子一样金贵；那时的人们渴望飞上蓝天，就像我们今天渴望到达宇宙边缘一样执着；那时的人们发明火药、指南针，就像现在我们发明了电脑一样伟大……

　　那时虽然没有电视，没有网络，但也有数不完、道不尽的新闻。那时的人和现在的我们一样，也要学习、工作和娱乐，也会七嘴八舌地讨论当时最流行的话题，疯狂地崇拜明星。

　　例如，当花木兰从战场上回来后，女扮男装成了一种时尚；

　　当岳飞被秦桧害死后，老百姓一边痛骂秦桧，一边怀疑岳飞的真正死因；

　　当朱元璋从一个放牛娃变成皇帝后，全天下的放牛娃都受到了鼓舞；

　　……

　　现在，你是不是迫不及待地想回到古代，在第一时间了解这些新闻呢？别急，我们已经派人穿越到过去，将你想知道的事情一一记录下来，刊登在《历史穿越报》上啦。

　　为了方便大家阅读，我们将《历史穿越报》做成了合订本，一共

10本，每本12期，分别介绍了从夏朝到清朝十个阶段的历史。

我们的记者队伍非常庞大，他们分布在全国各地，将自己身边发生的新鲜事儿记录下来，寄到我们的编辑部。在这些记者中，有人喜欢记录重大事件，我们将这些稿件放在《天下风云》栏目；还有人喜欢搜集趣闻八卦，我们将这些稿件放在《八卦驿站》栏目。

《历史穿越报》还有一批非常勤奋的通讯员，每天穿梭在各大茶馆。不过，他们可不是去喝茶的哦，而是为了搜集百姓的心声，然后刊登在《百姓茶馆》栏目中。

我们还有一位大嘴记者，专门负责采访当时最杰出，或者最有争议的人物。他是一个非常大胆的家伙，就算是皇帝，他也要刁难一下，大人物对他的采访既期待又害怕。

此外，编辑们还选出了一部分读者来信和广告，刊登在报纸上。

总之，每一期报纸，既有精彩好看的新闻报道、另类幽默的名人访谈，又有轻松搞笑的卡通漫画、五花八门的宣传广告……翻开这本书，就如同亲身穿越神秘的上下五千年。

希望大家在读完这份报纸后，能更真切地了解中国五千年的历史，并能从中习得经验和教训，获得知识、勇气和快乐，让我们的穿越工夫没有白费。

目 录

第❶期　宋太祖开国

【烽火快报】　陈桥兵变，赵匡胤黄袍加身 ······ 13
【绝密档案】　陈桥兵变的背后 ······ 14
【天下风云】　杯酒释兵权→先打南边，还是先打北边→找个茬儿好打仗→烛影斧声，太祖神秘死亡 ······ 16
【八卦驿站】　被皇帝打掉了牙齿 ······ 24
【名人有约】　特约嘉宾：赵普 ······ 25
【广　告　铺】　招贤纳士→告刺客书→崇德书院招生 ······ 27

第❷期　太宗灭北汉

【烽火快报】　北汉灭亡，五代十国结束 ······ 29
【天下风云】　兵败高粱河→吓破敌人胆的杨无敌→金匮之盟，弟弟继承皇位→一代名将，壮烈殉国→老百姓为什么要起义→王小波、李顺起义 ······ 30
【八卦驿站】　皇帝也领工资→宰相肚里能撑船 ······ 41
【名人有约】　特约嘉宾：赵光义 ······ 44
【广　告　铺】　好消息→欢迎进献图书→龟龟马戏团，精彩即将上演 ······ 46

第❸期　害怕打仗的皇帝

【烽火快报】	宋辽签订不平等条约 …………………………………………… 48
【天下风云】	原来皇帝怕打仗→只赔30万，心里好高兴→"寇老西儿"被贬了→为封禅，皇帝也给"封口费" …………………………………… 49
【八卦驿站】	不愿做官，愿做山长 ………………………………………………… 56
【名人有约】	特约嘉宾：寇准 …………………………………………………… 57
【广 告 铺】	招工启事→真宗皇帝的《劝学诗》→好消息 ……………………… 59
【智者为王】	智者第1关 ………………………………………………………… 60

第❹期　宋夏之战

【烽火快报】	李元昊称帝，西夏建国 …………………………………………… 62
【绝密档案】	西夏的建国史 ……………………………………………………… 63
【天下风云】	会跳动的盒子→大宋要与西夏讲和吗 …………………………… 65
【八卦驿站】	北宋不留人，自有留人处 ………………………………………… 70
【名人有约】	特约嘉宾：范仲淹 ………………………………………………… 71
【广 告 铺】	交子铺，让您的钱财更安全→求一套瓷碗→秃发令 …………… 73

第❺期　仁厚之君开创盛世繁华

【烽火快报】　朝廷出现财政危机，急需改革 …… 75
【天下风云】　短命的庆历新政→到底该怎么评价范仲淹的政绩→节俭仁慈的宋仁宗→铁面无私包青天→狄青，从小兵到枢密使 …… 76
【新闻广场】　一代文豪欧阳修→毕昇发明活字印刷术 …… 86
【八卦驿站】　柳三变奉旨填词→刘太后差点儿成了武则天 …… 89
【名人有约】　特约嘉宾：赵祯 …… 91
【广　告　铺】　欢迎来岳阳楼旅游→严格考察劝农使→欢迎寒门学子为朝廷效力 …… 93

第❻期　王安石变法

【烽火快报】　新的变法即将开始 …… 95
【天下风云】　王安石变法→王安石愤然辞职→给司马光的一封回信→一张地图，令辽国不战而退→少年老成的小皇帝 …… 96
【新闻广场】　苏东坡与《念奴娇·赤壁怀古》→胸有成竹的文与可 …… 105
【八卦驿站】　一条鱼引起的误会 …… 107
【名人有约】　特约嘉宾：司马光 …… 108
【广　告　铺】　工人招聘启事→绸缎庄开张大吉→一本了不起的百科全书 …… 110
【智者为王】　智者第2关 …… 111

第❼期 金国崛起与北宋农民起义

【烽火快报】 宋金交好，达成"海上之盟" ················ 113
【绝密档案】 东方之鹰引起两国之争 ····················· 114
【天下风云】 "花石纲"引来的愤怒→方腊起义的全过程→金人不肯归还燕京怎么办 ····································· 116
【新闻广场】 神奇的《清明上河图》 ····················· 120
【八卦驿站】 喜爱砚石的米芾→踢球踢出来的"太尉" ······· 121
【名人有约】 特约嘉宾：赵佶 ···························· 126
【广 告 铺】 皇帝生日的更改通知→禁止屠狗→关于科举考试的通知 ··· 128

第❽期 靖康之难

【烽火快报】 金国进攻北宋，徽宗退位 ··················· 130
【天下风云】 李纲守东京→李纲被撤职，太学生请愿→"六甲神兵"能打退金兵吗→靖康之难，两个皇帝做俘虏 ············· 131
【八卦驿站】 勤王还是不勤王 ···························· 139
【名人有约】 特约嘉宾：赵桓 ···························· 140
【广 告 铺】 沉痛悼念梅大人→金太宗的诏书→请求书 ······· 142

第 9 期　龟缩在角落里的王朝

【烽火快报】宗泽出任开封知府 ··· 144

【天下风云】宗泽去世，死前三呼过河→长江岸边，韩世忠阻击金兵→钟相、
杨太起义→只要能回去，做道士都行 ··· 145

【八卦驿站】生当作人杰，死亦为鬼雄 ··· 153

【名人有约】特约嘉宾：赵构 ··· 154

【广　告　铺】卖田公告→《金石录》新鲜出炉→求见李清照一面 ··········· 156

【智者为王】智者第 3 关 ··· 157

第 10 期　英雄和奸臣

【烽火快报】宋金签订和约 ··· 159

【绝密档案】秦桧原来是奸臣→撼山易，撼岳家军难 ····························· 160

【天下风云】岳飞大败兀术→十年之功，毁于一旦→岳飞被杀，罪名竟是"莫
须有" ··· 164

【八卦驿站】油条的来历 ··· 171

【名人有约】特约嘉宾：岳飞 ··· 172

【广　告　铺】沉痛悼念岳飞→免费赠送岳飞诗词→昭告天下 ··········· 174

第⑪期 隆兴北伐

【烽火快报】 一首词引来60万敌军……………………………………………176
【天下风云】 采石大战，书生退敌→愿意抗金的，赶紧加入我们吧→隆兴北伐，
又换得一纸和约→陆游去世，临终前留下《示儿》……………177
【八卦驿站】 高宗选太子→被逼当皇帝………………………………………185
【名人有约】 特约嘉宾：赵昚………………………………………………189
【广 告 铺】 广告天下→《稼轩长短句》，精彩不容错过→邀人共游沈园……191

第⑫期 繁华王朝成一梦

【烽火快报】 宋与蒙古联合灭金……………………………………………193
【天下风云】 钓鱼城之战→襄阳陷落，南宋门户大开→民族英雄文天祥的绝笔
信→崖山海战，南宋彻底灭亡…………………………………194
【八卦驿站】 关孙是被赵禥害死的……………………………………………202
【名人有约】 特约嘉宾：文天祥……………………………………………203
【广 告 铺】 卖房公告→不准跟皇上提蒙古人入侵→谴责张弘范……………205
【智者为王】 智者第4关………………………………………………………206
【智者为王答案】……………………………………………………………………207

第 ❶ 期

〖公元960年—公元976年〗

宋太祖开国

穿越必读

公元960年，赵匡胤发动陈桥兵变，夺取了后周的天下，建立宋朝，史称北宋。当时与北宋并存的，还有北汉、后蜀、南唐、吴越、南汉等割据政权。于是，赵匡胤发动了一系列战争，统一了中国大部分地区。

陈桥兵变，赵匡胤黄袍加身
——来自东京的加密快报

公元960年正月，陈桥驿发生了一件惊天动地的大事。后周的禁军统领赵匡胤率领军队，前往边界抵御入侵的辽国（即契丹）、北汉联军，走到陈桥驿时，手下忽然发动了一场兵变。士兵们不惜用武力"胁迫"赵匡胤当皇帝。

正月初四，黄袍加身的赵匡胤率领大军，掉转马头，浩浩荡荡地回到了京城，逼迫柴宗训（周恭帝）退位，轻而易举地夺取了皇位，并改国号为"宋"（即北宋），定都开封。

柴宗训禅位后被封为郑王，不久迁往房州（今湖北房县），后在那里去世，死因不明，年仅20岁。

宋太祖赵匡胤表示，现在的中国四分五裂，百姓生活在水深火热之中，他将用自己的余生，为统一天下作贡献。

来自东京的加密快报！

绝密档案

陈桥兵变的背后

陈桥兵变后，很多人感到此事很可疑，甚至认为这是赵匡胤自导自演的一场戏。那么，兵变的真相到底是什么呢？下面让我们回顾一下兵变经过。

公元959年，周世宗柴荣病死，太子柴宗训继位，年仅7岁。皇帝年幼，后周政局不稳，人心浮动，没多久，京城里流传出赵匡胤要做皇帝的消息。

公元960年正月初一，全国喜气洋洋，大家正忙着欢度新春佳节，忽然有人报告说辽国和北汉联合起来，侵略后周边境（有人说这是赵匡胤集团故意散播的谣言）。

年幼的恭帝惊慌失措，赶紧派禁军统领赵匡胤前去迎战。

谁知赵匡胤以自己兵马太少为借口，拒绝出战。恭帝无可奈何，只好把军权全部交给了他。赵匡胤这才欣然率兵前往边界，几天后走到陈桥镇，大军暂时驻扎下来。

士兵们议论纷纷："我们为了保卫国家，出生入死，可是皇帝年幼不懂事，即使我们打了胜仗，他知道怎么奖赏我们吗？"

"说的就是这个理儿！"有人应和说，"我们大将军知人善任，奖罚分明，如果让他做我们的皇帝，那该多好呀！"

"对，我们支持大将军做皇帝！"

"支持大将军！"

一会儿，这个消息就传遍了整个军营，士兵和将领纷纷聚集到赵匡胤

的营帐前。

这时,天色微亮,赵匡胤被外面的喧哗声吵醒。他刚走出营帐,还没来得及开口说话,士兵们就纷纷跪下来,齐声高呼:"万岁!万岁!万万岁!"更有人趁机把一件早已准备好的黄色龙袍披在他身上。

赵匡胤面色一变,正要推辞,一旁的谋士赵普赶紧劝他说:"如果您不答应他们,那么他们将会被处以谋反的罪名,死无葬身之地。将军向来爱护士兵,不如就答应了他们吧!"

全体将士们齐呼:"请将军答应我们吧!"

到了这种地步,赵匡胤只好答应做这个皇帝。这就是陈桥兵变背后的故事。

有专家分析说,赵匡胤把兵带出去,目的是为了制造一场不流血的政变。如果不带出去,在京城直接动手,必然会导致兵戎相见,会死很多人。而把兵带出去,赵匡胤掌控了兵权,京城空虚,想篡位就容易多了。而陈桥镇离京城不远,自然就成了"演戏"的最佳地点了。

杯酒释兵权

赵匡胤当上皇帝后，那些拥立有功的将军们全都获得奖赏，手中的权力一个个都大得不得了。没多久，就相继有两个大将军起兵叛乱，赵匡胤费了老大的劲儿才平定了叛乱。

赵匡胤对这事耿耿于怀，于是就问谋士赵普："自从唐朝灭亡以后，天下大乱，接连改朝换代，导致民不聊生。你说这是怎么一回事呀？"

赵普说："国家之所以不停地打仗，道理很简单，就是因为大将的权力太大了。如果把兵权都集中在朝廷里，自然就不会有那么多战乱了。"

太祖想了想，觉得很有道理。

这时，赵普又趁机提出，解除禁军大将石守信、高怀德等人的兵权。

太祖笑着说："没关系，他们对我一片忠心！"

赵普说："将军们确实一片忠心，但我仔细观察发现，他们并不擅长驾驭士兵。如果他们手下的将领贪图富贵，要拥戴他们做皇帝，到时候，他们就身不由己了！"

听了这话，太祖想起当年的陈桥兵变，不由得惊出一身冷汗。

没过几天，太祖在宫廷里宴请石守信、高怀德等禁军大将。喝着

喝着，太祖忽然深深地叹了口气。

石守信问道："陛下为什么闷闷不乐呀？"

太祖忧愁地说："你们不知道，皇帝不好当呀！现在每天晚上，我都睡不着觉！"

几个将军连忙问为什么。太祖苦笑着说："敢问这个世界上，谁不想当皇帝呢？"

将军们听出话中有话，忙表白说："现在天下已定，谁还敢有异心啊？"

太祖说："我知道你们个个忠心耿耿，但是如果哪一天，你们的部下要把黄袍披在你们身上，你们即使不想做皇帝，恐怕也不行吧？"

几个大将一听，吓得面如土色，赶紧跪在地上，连声说："我们实在是太愚蠢了，一直没想到这个问题。恳请陛下开恩，给我们指一条明路吧！"

太祖这才微微一笑，说："一个人的寿命是有限的，人生在世，不过是为了点儿荣华富贵，安安乐乐罢了。这样吧，你们不如交出兵权，到地方上当个官，买几百亩良田，建几座豪宅，这样不仅能给子孙们留点儿家业，自己也快快活活地过个晚年，你们看怎么样？"

大将们都明白了太祖的意思，连连磕头说："陛下英明，替我们想得太周到了！"

第二天，手握重权的大将们便以自己年老多病为由，纷纷上书，请求告老还乡。而太祖也都笑眯眯地同意了，并赐给他们一大笔钱，派他们到地方上担任官员去了。

先打南边，还是先打北边

编辑们：

你们好！你们辛苦了！

虽然我已经当上了大宋的皇帝，可还是一天到晚睡不着觉，因为大宋的领土就只有黄河、淮河流域这一带，北边有北汉，西边有后蜀，南边有南唐、吴越等，可以说我卧榻以外全都是人家的地盘，每一个都对我大宋构成威胁。我想统一天下，可是先打南边还是先打北边，我有点儿拿不定主意。

前天晚上下了大雪，我实在睡不着，就冒雪去找宰相赵普，试探着问他，先收拾北汉怎么样。赵普不同意，说如果先打北汉，就会受到辽国的威胁，所以先收拾南方比较好。他还说，北汉只是个小国家，晚点儿收拾它也跑不掉。

我决定了，现在就准备起兵，去攻打南方的那些国家，你们认为呢？

赵匡胤

皇上：

您好！

很荣幸收到您的来信，我们也很赞同宰相的策略。目前辽国的实力非常强大，确实不好对付。如果把北汉留着，就可以作为阻挡辽国的屏障。这个"先南后北"的方针，我们举双手赞成。我们相信，您和宰相"雪夜定策"的事迹一定会流传千古，成为一段佳话。

最后，祝您早日统一天下！

报社编辑 

找个茬儿好打仗

北宋刚刚建立时,南唐国主李煜(yù)就主动上书,向北宋俯首称臣。尽管宋太祖表面接受了李煜的请求,但是"卧榻之侧,岂容他人酣睡",他仍然没有改变灭了南唐的决心。

宋太祖想出了一个"引君入瓮"的计策。他下了一道诏书,"请"李煜进京,准备趁机将他扣押。

李煜当然也不是个笨蛋,他知道自己去了京城,绝对是羊入虎口——有去无回。于是,他给皇帝回话说,最近身体不好,不能远行,拒绝了皇帝的要求。

太祖皇帝接到回信,既生气,又不甘心,于是语气一变,诚恳地邀请李煜上京做客。

李煜仍然以身体不好为借口,婉转地拒绝了皇帝的"好意"。

太祖两次被拒绝,一怒之下,也执拗起来:"你不想来,我还偏偏要你来!"于是,继续派遣使者传信。李煜索性来个"兵来将挡,水来土掩",找各种借口推辞。

就这样,两人之间你来我往,展开了一场看不见硝烟的战争。

当然,这场"无烟战争"也不能一直持续下去。终于有

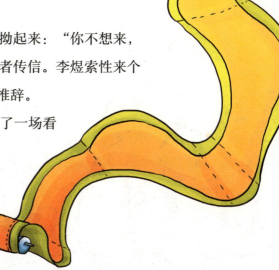

天下风云

一天，太祖的耐心用完了，决定武力征讨南唐，为了出师有名，他便开始找李煜的茬儿。

这次，太祖派遣梁迥出使南唐，内容还是和往常一样，让李煜北上京城，不过，不再是"请"，而是直接命令李煜来朝。

李煜也被逼急了，委屈地说："我一直恭敬地侍奉天朝（指北宋），只是想保存祖宗的一点儿基业而已，为什么您要苦苦相逼呢！如果您是要我死，那我就死在您面前！"说完就往墙上撞，幸好被大臣们拦住了。

梁迥见事情已经败露，也不再遮遮掩掩，索性毫不客气地说："去还是不去，由你自己决定。不过你要知道，凭你们南唐这点儿兵力，给我们塞牙缝都不够！"

李煜是个词人皇帝，有股文人的酸臭脾气。他还不知道事情已经到了火烧眉毛的时刻，脖子一梗，摆出一副"我就不去，看你能把我怎么样"的态度。

看你能把我怎么着！

梁迥见南唐皇帝不开窍，只好郁闷地回去，把这件事禀告了太祖。

太祖一听，恼羞成怒："既然李煜这么不识时务，三番五次违抗我的命令，那我只好出兵了！"

太祖抓住了李煜的小辫子，第二天就命令大军南下，全面进攻南唐，不久就如愿以偿地把南唐灭了。

百姓茶馆

酒商王宝宝：前一段时间皇宫传出消息,说皇上打算迁都,要把都城从开封迁到洛阳去。这是真的吗?皇上怎么突然想到要迁都呢?

猎人老爹:是真的,皇上说,虽然在开封住得挺舒服,可这里地势不怎么好,容易四面受敌。一旦敌人进攻,不容易防守。不过,大臣们都不同意迁都。再后来就不知道怎么样了。

书生李齐:再后来呀,晋王赵光义劝他说,要使国家长治久安,靠的是德行,而不是地势的险峻。太祖一听,就打消迁都的念头啦。

某绸缎商:哈哈,那我就放心啦,作为一个开封人,尤其是开封商人,我是万分想把皇上留在开封。这样,我们这里的经济才会发展得更快,我们的钱才会更多。

烛影斧声，太祖神秘死亡

公元976年11月14日，开封传来消息，宋太祖赵匡胤已于昨晚驾崩。不少人觉得莫名其妙，因为太祖刚刚50岁，身体健康，虽然前几天生了病，但也不是什么重病，怎么突然就死了呢？看来，其中一定有猫儿腻。

据说，太祖临死的前一晚，天气非常寒冷，太祖和弟弟赵匡义（又名赵光义）在内廷喝酒。晚一点时，有人看到，在昏暗的烛光下，赵光义突然离席，摆手后退，似乎在躲避和谢绝什么；而太祖手持玉斧戳地，发出清晰的"嚓嚓"声。

还有人听到太祖激动地喊道："好好去做，好好去做！"

直到深夜，赵光义才告辞出来。第二天一早，就传出太祖驾崩，赵光义（即宋太宗）继位的消息。

太祖死得不明不白，对此，有的说是赵光义犯了错，太祖大怒，甩出斧子想惩罚他，但最后太祖被赵光义杀死了。

不过，这只是民间传说，并没有确凿的证据。事情的真相究竟是什么样的，谁也不知道。

被皇帝打掉了牙齿

太祖每天要处理那么多国家大事，确实也挺辛苦的。这天，他好不容易闲下来了，却发现没什么意思，就拿了个弹弓，跑到花园里去打鸟雀。

这时，一个大臣声称有重大事情求见。太祖二话不说，立刻丢下弹弓去接见他，谁知那个大臣上奏的只是一件无关紧要的小事。

太祖觉得自己受了骗，非常生气，就责问大臣为什么要撒谎。谁知那个大臣一点儿也不胆怯，理直气壮地说："臣以为再小的事情，也比打鸟雀重要！"

太祖勃然大怒，一气之下抓起一把斧头，用斧柄朝大臣打去。只听"砰砰"两声，大臣的两颗牙齿就被打掉了。不过，那个大臣是个硬汉，他一声不吭地把牙齿捡起来，擦了擦上面的血迹，小心翼翼地放进怀里。

太祖气不过，问："你把牙齿捡起来，是想去告我吗？"

大臣说："做臣子的，哪有权力告皇上，不过，史官会把今天发生的事情，如实记载下来的！"

太祖一听，知道他是一个忠臣，立刻消了气，不仅没怪他，反而大大奖赏了他。

名人有约

身份：前任宰相

大：大嘴记者　**赵**：赵普

大：宰相大人，欢迎您来我们《名人有约》做客！

赵：客气客气。

大：您可是太祖的大功臣啊！看起来您的脑袋跟我一般大，怎么能想出那么多点子啊？我数数啊（开始掰手指头），"陈桥兵变""杯酒释兵权"，"雪夜定策"……不敢想象，太祖要是没了您，会是怎么样呢？

赵：过奖过奖。

大：但是现在，您为什么被皇上贬官了，是不是因为您常常和皇上对着干？

赵：嘘，别瞎说。（小心翼翼地看了看四周）我哪敢和皇帝对着干，就是坚持自己的原则罢了。

大：哦，听说您曾经向皇上推荐人才，可他不答应？

赵：是呀，其实那人真是个难得的人才，可是太祖对他有偏见，坚决不接纳他，还把我的折子给撕了。

大：那您怎么办？就这么放弃了？

赵：嘿，这怎么可能？皇帝把折子撕了，我就把折子粘起来再上奏；皇上不见我，我就一直站在官门外等他……后来，皇上拗不过我，只好接纳了那个人！

大（赞许地点点头）：啧啧，您可真是执着啊！

赵：选拔人才是为了国家建设，怎么能凭皇帝一个人的喜好呢？我这么做，也是为了国家好呀！

名人有约

大：既然您忠心为国，皇上为什么还是撤了您的职？

赵：唉，这事说来，我可真是冤枉啊！我做了宰相以后，处理的国家大事越来越多，权力也越来越大，于是一些人就来找我办事。一天，吴越王派人给我送来了十坛子海产，他们刚把海产放在堂前，皇上就来了。

大：来得可真巧呀！

赵（狠狠瞪了记者一眼）：皇上一来，就看到了那十个坛子，问那是什么。我回答说，那是吴越王送来的海产。皇上说想看看海产，于是我就命人把坛子打开了，谁知这一打开就糟了！

大（急忙）：出什么事了？

赵（哭丧着脸，郁闷极了）：坛子里装的全是金子。

大：哎呀，这不是收受贿赂吗？

赵：我哪知道坛子里装的是金子呀！哎，这吴越王真是害死我了！

大：所以皇上就撤了您的职？

赵：当然没有立马撤职。当时，皇上非常生气地离开了。后来，皇上就不怎么待见我了。再后来，皇上大概是觉得我的权力太大了吧，就把我贬到河阳做节度使去了。

大：谁让您功高震主呢！不过，我听说您不怎么读书？

赵：谁说我不读书呀？我可是听从了皇上的建议，每天下班回家就把门关好，在家认真读书呢！

大：但是，我听人说，您的书柜里只有一部《论语》，而且还只看了一半？

赵：半部《论语》……也能治天下嘛！

大（惊讶地张大嘴）：半部《论语》就能治天下？（擦擦汗）厉害，厉害！嗯，我们的采访到这里就结束了，再次感谢您的参与，再见。

广 告 铺

招贤纳士

　　我大宋刚刚建国，百废待兴，为了建立一个国富民强、繁荣昌盛的国家，诚邀天下有志之士来我大宋效力。

　　这次招纳贤士，不拘身份地位，无论是名人雅士，还是贩夫走卒，只要您有真才实学，只要您能诚心诚意为我大宋的建设出力，我们一定真诚接纳。欢迎各位有识之士前来应聘！

大宋吏部

告刺客书

　　朕知道，想杀掉朕的人很多。刚才朕出宫经过大溪桥的时候，就有刺客一箭射中龙旗。但是，朕决定不跟这个刺客计较，禁卫军都不许搜捕刺客。朕还要谢谢他教朕箭法，事情就到此为止了，希望刺客们都好自为之。

大宋皇帝赵匡胤

崇德书院招生

　　皇上（赵匡胤）重文轻武，尤其重视儒学，而且还增加了科举录取的名额。这对我们儒生来说，是一个天大的好消息。

　　想做官的，想飞黄腾达的学子们，赶快来崇德书院报名吧！本书院的学生凡是顺利毕业的，考上科举一定不成问题！

崇德书院

第 ❷ 期

〖公元976年—公元997年〗

太宗灭北汉

穿越必读 ▶

宋太宗是宋朝的第二个皇帝,他最大的功劳就是消灭北汉,结束了五代十国的混乱局面。他继太祖之后,进一步限制了武官的权力,确立了文官的政治地位,这对后来北宋抵抗外辱屡屡失败,产生了极大的影响。

北汉灭亡，五代十国结束
——来自太原的加密快报

公元979年，北汉国主刘继元向北宋投降，持续了28年的北汉灭亡了！

说起北宋对北汉的战争，令人唏嘘不已，这是一个艰苦而又漫长的过程。

公元960年，宋太祖建立宋朝时，中国还有另外8个割据政权。公元975年，宋太祖在灭了南唐政权之后，于第二年八月，派遣大军进攻北汉，却遭到北汉的同盟——辽军的阻拦。没多久，太祖驾崩，北伐只好不了了之。

宋太宗继位后，继承哥哥的未竟之志，公元979年亲自率领数十万大军，兵分三路，全力进攻北汉。

来自太原的加密快报！

辽国知道后，又派兵前去救援。双方在白马岭展开一场激战，最后辽军大将大多战死。宋军大胜后，一路摧枯拉朽，势如破竹，围困了北汉都城太原。

在外无救援、内无斗志的情况下，北汉国主刘继元只好出城投降。

北汉的灭亡，结束了自唐以来五代十国的分裂局面，基本实现了北宋的统一大业。

兵败高梁河

灭掉北汉,宋太宗又想乘胜攻打辽国,收复燕云十六州。将士们连续作战,十分疲劳,无心再战。太宗却一意孤行,军队也不作休整,就下令出兵。

刚开始,宋军打得很顺利,很快收复了几个州。可打到幽州(今北京)的时候,宋军因长途跋涉,久攻不下,士气低落。

这时,一批辽国士兵赶了过来,宋军只好强打精神,在高梁河(今北京西)和对方打了一仗。幸好这些敌人因为远道赶来,人困马乏,再加上人数不多,很快就招架不住,退了兵。

可到了晚上,一条又粗又长的"火龙"突然出现在宋军面前!这一次敌人个个手持火炬,看起来声势十分浩大(事后才知,这是辽国大将耶律休哥的诡计,他让士兵们一人拿两支火炬,这样显得人特别多)。

宋军不知来了多少敌人,心里直发怵,被辽军打得稀里哗啦,死伤一万多人,就连宋太宗自己也中了两箭(幸好伤在大腿上)。宋太宗乘坐一辆驴车,逃回东京。

最后,宋军收复的一些失地,也重新被辽军夺了回去。

(高梁河之战是辽宋关系的重要转折点,自此之后,宋军屡战屡败,几乎毫无招架之力。)

吓破敌人胆的杨无敌

自高梁河一战之后,辽国不断骚扰宋朝边境。宋太宗忧心忡忡,听说杨业能征善战,就派遣他驻守雁门关。

杨业又叫杨继业,原本是北汉大将,北汉灭亡后,归降了北宋。

公元980年,辽国派十万兵马攻打雁门关,而杨业手下只有几千兵马。杨业知道寡不敌众,不能正面抗击敌人,就使了一个计策。他把大部分人马留在代州,自己则率领一支骑兵,从小路绕到敌军背后。

辽国的军队一路南下,浩浩荡荡,没遇到一点儿抵抗,他们得意极了:"嘿,宋军都被我们吓破胆了!"

正在这时,背后忽然烟尘滚滚,喊杀声震天。一支骑兵猛地从背后杀出,犹如神兵从天而降,咆哮着冲进辽国的队伍。辽国的士兵吓得魂飞魄散,四处逃窜,只恨爹娘少生了两条腿。

杨业带领的骑兵一下子击溃了辽国的军队,不仅杀死了许多辽兵,还杀死了一名贵族,活捉了一员大将。

雁门关大捷以后,杨业威名远扬,辽兵一看到有"杨"字的旗,就不由得惊慌失措。人们赞叹杨业的勇猛,给他取了个绰号叫"杨无敌"。

天下风云

金匮之盟，弟弟继承皇位

多亏了祖宗！

很多人搞不懂，为什么宋太祖驾崩后，继承皇位的不是他的儿子，而是他的弟弟赵光义呢？按照惯例，当先皇帝过世后，一般是由嫡长子继位。但现在却是皇帝的弟弟继承了皇位，这是怎么一回事呢？

这不，宋太宗登基5年后，被罢相在家的赵普透露了其中的秘密——金匮之盟。说起金匮之盟，还得从太祖和太宗的母亲杜太后说起。

杜太后是一个聪明而有远见的人。当初太祖在发动"陈桥兵变"的时候，有人偷偷提醒她说："万一失败，可是要杀头的罪名呀！"

可是她却一点儿也不慌乱，还说："不就是我儿子当皇帝吗，有什么好担心的？"宋太祖即位后，杜太后又常常告诫他做一个为国为民的好皇帝。

公元961年，杜太后忽然得了重病，什么药都不管用。临终前，她问宋太祖："儿呀，你知道为什么你能得到天下，当上皇帝吗？"

太祖哽咽着，一句话也说不出来。在杜太后的再三追问下,他才小心翼翼地回答说:"多亏了祖宗和太后您积善行德,我才能得到天下呀!"

杜太后摇摇头,说:"不是这样的。你之所以能得到天下,是因为周世宗死后,继位的恭帝年幼不懂事,你才有机会呀!试想,如果当时是一位成年的皇子继承皇位,你还能当皇帝吗?所以,将来你传位时,要把皇位传给你的弟弟!四海如此广大,疆域如此辽阔,只有年长的皇帝,才能治理好国家,让江山千秋万代传递下去啊!"

太祖含泪答应了。杜太后又对一旁的赵普说:"你也要记住我的话,不能违背!"

赵普赶忙跪下来,连连叩头说:"谨记太后的教诲!"

随后,杜太后又让赵普在床榻前把她的遗旨写好。宋太祖临死前,就是按照杜太后的遗旨,把皇位交给了弟弟赵光义。

对于这个说法,联系起太祖之死,不少人怀疑这是太宗和赵普杜撰出来的托词,因为没有人真正见过这个遗旨。

到现在,"烛影斧声""金匮之盟"还是迷雾重重,真相到底如何,只有留待后人去探索了。

你知道你为什么能当上皇帝吗?

百姓茶馆

某酒楼老板

这个金匮之盟是假的吧？当年杜太后驾崩时，先帝（赵匡胤）才35岁，而且身体健康，二皇子赵德昭已经11岁了（大皇子早夭）。那时谁知道先帝什么时候驾崩，驾崩的时候皇子是不是已经成年了呢？

当铺陈老板

我也觉得是假的，当时皇上（赵光义）才23岁，比赵德昭大不了多少。这个金匮之盟的漏洞也太多了。不能不让人怀疑，先帝也许就是被当今皇上杀掉了，那个烛影斧声多半是真的。

周大夫

这个赵光义比他哥哥心狠多了。听说赵德昭就是被赵光义逼死的。

北征北汉之后，赵光义迟迟不对有功将士进行封赏。赵德昭跑去问，赵光义还说："等你自己当皇帝后，再赏也不迟。"赵德昭害怕，就自杀了。

人家都死了，他才跑去哭着说："傻侄儿，我不过是一句气话，你怎么就走这条路了呢！"真够假的！

某绸缎商

可不是，三年后，赵德昭的弟弟兴元尹赵德芳也病死了，死的时候才23岁。两兄弟死得这么快，真是蹊跷，肯定与他们的这个叔叔有关。

一代名将，壮烈殉国

公元986年，边关传来一个令人震惊的消息，一代名将杨业在战场上被辽兵俘虏，绝食三天而亡。这一消息传来，北宋举国上下哀声一片。可是，这究竟是怎么回事呢？

原来，杨业自从在雁门关立下汗马功劳后，更是得到了宋太宗的信任，然而，这却引起了许多大将的不满。

公元986年，宋太宗趁辽国朝政变动时，派遣曹彬、田重进、潘美三路大军再次攻打辽国。当时，杨业是潘美的副将。

刚开始，三路大军高歌猛进，势如破竹，一下子收复了四个州。但是没过多久，东路、中路大军相继吃了败仗，宋太宗赶紧命令大军撤退。

这时，辽军已经占领了寰（huán）州，西路军势单力薄，陷入险境。杨业建议说："敌强我弱，不如我们派精兵伏击辽军主力，借以掩护百姓撤退。"

谁知主帅潘美和监军王侁（shēn）一心想在皇帝面前邀功，都反对他的建议。王侁不屑地说："杨将军素有'杨无敌'的称号，怎么这会儿变得胆小了！我们有几万精兵，难道还怕他们不成？或者杨将军另有打算？"

一听这话，杨业气得火冒三丈，气愤地说："我并不是怕死，而是不

天下风云

想让士兵白白送命。如果你们执意要打，我愿意做前锋。"

就这样，杨业带领军队出发了。临行前，他指着陈家峪对主帅潘美说："请将军派遣精兵埋伏在这里，等我将敌军引过来后，两面夹攻，争取一举击溃敌军，反败为胜！"

杨业出兵没多远，就遭到了敌军的袭击。十万辽军像潮水一般涌过来，杨业虽然勇猛，但是寡不敌众，他只好带领军队奋勇杀敌，冲出重围。然而当他来到陈家峪时，却发现一个宋兵也没有。原来，潘美听说杨业战败了，赶紧率领军队灰溜溜地逃走了。

这时，辽军已经追了过来。杨业悲叹一声，掉转马头，率领部下和辽军展开激战。最后，宋军寡不敌众，全军覆没，杨业的儿子杨廷玉也战死沙场。杨业和辽军浴血奋战，身受重伤，最后被俘虏。

辽国皇帝非常看重杨业，对他威逼利诱，劝他投降。但是杨业感激宋太宗的恩德，绝食三天后悲愤而死。

而宋太宗收复燕云十六州的计划，也终于在两次损兵折将后，彻底宣告失败。

不吃，不吃，就是不吃。

老百姓为什么要起义

编辑们：

你们好！

自从我登上皇位以来，一直兢兢业业，尽职尽责。对内，我勤政爱民，选举和提拔了大量人才，大力发展国家经济；对外，我打败了北汉，抵御了辽国的入侵，使百姓们免于连年战乱。

但是，尽管我一心为国为民，可仍然有人对我的统治不满。这不，四川的农民王小波、李顺居然起兵造反了。我就不明白，这大好的盛世，他们造什么反呢？

赵光义

皇上您好：

首先，感谢您对我们的信任。您别着急，等我把事情的经过说清楚，您就明白是怎么一回事了。

四川虽然号称是"天府之国"，但是土地和财富都掌握在大地主和官僚的手里。百分之七十的农民没有田地耕种，只好做佃农，给大地主打工。四川的织锦天下闻名，又盛产茶叶，然而当地官府强行夺取了丝、帛、茶的买卖权后，许多小商人很快就破产了，而大地主、大商人又趁机掌控了财富，压榨百姓。

百姓们一穷二白，为了活命，只好起兵造反。他们提出"杀贪官、均财富"的口号，实在是因为被逼得走投无路了呀！倘使百姓吃饱喝足，衣食无忧，他们又怎么会起义呢？

报社编辑

王小波、李顺起义

王小波是四川青城县（今都江堰市）人，李顺是他妻子的弟弟。两个人一直以贩卖茶叶为生，可是官府却禁止百姓贩茶，断了他们的生计。

公元993年，王小波召集了一些茶农和贫民，说："如今这个世道，富人越来越富，穷人越来越穷，实在是太不公平啦！不如，我们一起起义，推翻官府，建立一个公平的世界，怎么样？"

那些茶农和贫民听了，个个热血沸腾，都嚷着支持王小波。附近的一些贫民听说王小波要起义，也纷纷跑来参加起义军。没几天，起义的队伍就发展到几万人。

王小波带领起义军，迅速攻下了青城县。接着，他把目标瞄准了彭山县（今四川彭山），为什么要打彭山呢？

原来，彭山的县令叫齐元振，是个有名的大贪官。有一次，朝廷派钦差来彭山调查。齐元振怕自己的罪行败露，就把家里的金银财宝分别存放到几户富商家里。钦差来了一看，齐元振家里什么也没有，还大大夸奖了他呢。

天下风云

老百姓早就对齐元振恨得牙痒痒了,听说要攻打彭山县,个个摩拳擦掌。没多久彭山县就被攻破了,起义军杀了齐元振,还把他贪来的钱分给了贫苦百姓。

接着,王小波又率领起义军攻打江原(今四川崇州),在那里展开了一场恶战。

在战斗中,王小波的前额中了一箭,鲜血直流。他没有在意,擦了擦额头上的血,又冲了上去。最后,起义军终于打败了守军,攻占了江原。然而王小波却因为伤势过重,不幸去世。

李顺接替了王小波的位置,领导起义军继续攻占城池,痛杀贪官,最后把四川的中心——成都也攻下来了。

公元994年正月,李顺建立了大蜀政权。消息传到宋太宗的耳朵里,太宗大吃一惊,说:"没想到李顺这么厉害,得赶紧派兵把他铲平。"

于是,太宗派宦官王继恩去讨伐李顺。这时,李顺在剑门已经吃了败仗,王继恩带着宋军,通过剑门,攻向成都,把城里的十几万起义军重重包围。起义军奋起反抗,仍被打败了,李顺在战斗中牺牲,起义就此失败。

皇帝也领工资

前几天，皇宫的太监小李公公偷偷给我们透露了一个大内幕，原来皇帝也领工资！

皇帝是天下的主人，整个国家都是他的，为什么他还要领工资呢？再说，皇帝可是最大的老板，谁给他发工资呀！所以当小李公公告诉我们，皇帝也领工资的时候，我们的眼珠子都要瞪出来了！

那么，究竟谁给皇帝发工资呢？皇帝的工资又是多少呢？小李公公说，皇帝的工资叫"好用"，由左藏库发放，每个月1200贯。

在记者的死缠烂打下，小李公公还给我们透露了更多的内幕。

原来，左藏库和内藏库都是储存天下财富的地方。一般来说，皇庄租税、地方进贡、附属国进贡以及宫廷主持的土地专卖的收益，都储存在左藏库。这些钱主要用来给京官发补贴，给御前侍卫发薪水，给太子、公主、后妃们发生活费，嗯，还有给皇帝发工资。

不过，皇帝的工资可不是他自己跑到左藏库去领取，而是左藏库的人捧着1200贯钱，麻溜地给他送过去。没办法，谁叫他是皇帝呢！

宰相肚里能撑船

吕端是宋太宗时的宰相。一次，他遭到奸臣陷害，被太宗罢免了官职，只好带着书童，卷起铺盖回老家去了。

当时，他的弟弟正好成亲，家里大摆宴席，有不少豪绅和官员前来赴宴。大家见吕端回来了，连忙迎上去，又是下跪，又是送礼，说："哎呀，原来是相爷回来了！"

吕端笑道："我已经被削官为民了。"

那些人一听，脸色立刻变了，跪在地上的起来了，送礼的也把礼品拿回去了，弄得吕端好不尴尬。

就在这时，门外一阵急促的马蹄声传来，只听有人高喊："吕端接旨——"

所有人赶紧跪在地上，原来是皇帝下旨要求吕端立即回朝，复任宰相。

这下子，那些官员、豪绅一个个大眼瞪小眼，不知道怎么办才好。过了好一会儿，他们才厚着脸皮，凑到吕端面前，说一些讨好的话。

当地的县令本来已经坐着轿子走了，一听吕端复职了，赶紧让人把轿子抬回来。他小跑着来到吕端面前，扑通一声跪下，乞求说：

八卦驿站

"相爷,您大人不计小人过,刚才的事,您可别放在心上。"

吕端倒是没说什么,他的书童走上前来,一把揪住县官的衣领,说:"好一个势利的狗官,看相爷不摘了你的乌纱帽!"

县官吓得连连磕头,吕端有些不忍心,拉走书童,说:"他知道自己错了,咱们应该高兴,就别再跟他计较了。"

县官听了感动得不得了,说:"相爷,您真是宰相肚里能撑船啊!为了赔罪,今天这婚宴我给您弟弟再办一次,来,咱们给新娘子抬轿吧。"

说完,县官真的请新娘子上轿,自己和衙役们抬着花轿,围着村子转了一圈,一路吹吹打打,好不热闹。

从那以后,"宰相肚里能撑船"这句话就传开了。

肚子里撑船,那该有多大!

名人有约

身份：宋太宗

大：大嘴记者　　**赵**：赵光义

大：皇上您好，听说，您本来不叫赵光义，是后来才改的名字。不介意我直呼其名吧？

赵：本来，直呼皇帝的名讳是对皇帝的大不敬。不过看在你是记者的分儿上，我就不跟你计较了。没错，我原本叫赵匡义，跟我哥哥的名字就差一个字。我哥哥当皇帝后，为了避讳，我就改名叫赵光义了。

大：您跟您哥哥的关系好吗？

赵：当然啦，我们是亲兄弟嘛。记得有一次我生病了，哥哥来看望我，亲手烧艾草给我治病。他怕我疼，就先在自己身上做实验。

大：果然是手足情深啊。这么说，金匮之盟是真的？

赵：当然是真的。

大（还是有些不相信，但不敢明说）：那将来您会将皇位传给先帝的儿子，或是您的弟弟吗？

赵：皇位自古以来都是父传子，子传孙，当年哥哥将皇位传给我，已经闹出这么多事端了，我不能再犯同样的错误，这是宰相赵普说的。再说，我的侄儿都死光了，弟弟也死了，我只能传给自己的儿子啦。

大（我看，他们是被你害死的吧）：您刚才说什么宰相赵普，他不是被先帝罢相了吗？怎么又……

赵：我又提拔他当宰相了。

大：我可听说，先帝在位的时候，您跟宰相赵普是政敌。赵普被罢相之前，势力比您还大呢。可您为什么……

赵：我以前跟他共事那么多年，知道他的能力，所以过去的事情就不跟他计较啦。当皇帝，就应该唯贤是举嘛。

大：那是，更重要的是，赵普是开国元勋，虽然被罢相在家，可威信还是有的。您起用他，还能够安抚人心，维护您的权力呀。

赵：哎呀，被你看穿了。其实新皇登基，除了安抚旧臣外，更重要的是培养自己的势力，这样才能巩固自己的地位。

大：也就是说，将来等您地位巩固了，您就会把赵普罢免，或者降职，对吧？

赵：……你这个记者，还真是个大嘴巴。

大：嘿嘿，我还听说，您为了改变先帝时的政局，培养自己的势力，大大增加了科举录取的人数。那些被录取的才子，都对您十分感激，纷纷向您表忠心呢。

赵：呵呵，怎么，你也想参加科举考试吗？你要是考上了，我给你个大官做。

大：这个，我就算了吧，还得回去整理采访稿呢。好的，今天的采访就到这里了，谢谢您的参与。

广告铺

好消息

我店从北汉收购了大批特产，有珍贵的皮毛、华丽的首饰、精美的服饰等。

无论您是自己收藏，还是赠送亲朋好友，我店的商品都是您的最佳选择。机不可失，时不再来，赶紧来我店选购吧！

齐宝斋

欢迎进献图书

前些日子，新建的图书馆已经竣工了，皇上（赵光义）亲自提名为"崇文院"。为了增加藏书量，皇上下旨，让全国各地进献图书。如果有谁愿意主动献书，将重重有赏；当然，如果有不愿意进献的，我们也不勉强。我们会派遣专人，仔细抄写完图书后，原物奉还。

崇文院

龟龟马戏团，精彩即将上演

你见过乌龟叠塔吗？将七只乌龟放在桌子上，敲敲鼓，乌龟就会从大到小，一只一只地叠起来。最上面的一只还能玩倒立呢。没见过不要紧，本马戏团将在明天下午为您倾情表演乌龟叠塔、蛤蟆说法等精彩节目，走过路过，千万不要错过！

龟龟马戏团

第 ❸ 期

〖公元 997 年—公元 1022 年〗

害怕打仗的皇帝

宋真宗是个胆小懦弱的皇帝。他害怕打仗，为了换取和平，不惜与辽国缔结屈辱的"澶（chán）渊之盟"，每年向对方进贡大量钱财（称"岁币"）。

真宗信奉道教，动辄耗费大量钱财，举行各种祭祀活动。真宗去世后，北宋开始出现财政危机。

穿越必读

烽火快报

宋辽签订不平等条约
——来自澶州的加密快报

来自澶州的加密快报！

公元1005年1月，宋国在战争中打败辽国，之后在澶州（亦名澶渊郡）与辽国议和，并结为兄弟之邦，还签订了一个条约。具体内容如下。

1. 辽宋为兄弟之国，辽圣宗年幼，称呼宋真宗为哥哥。

2. 双方约定以白沟河为边界，互相不得侵犯。辽国归还宋朝遂城、瀛洲和莫州；以后凡是越界的盗贼和逃犯，双方都不得藏匿。两国边界的城池，不得修筑城墙。

3. 宋朝每年向辽国缴纳岁币银10万两，绢20万匹；辽军撤兵。

4. 辽宋双方在边界设置榷（què）场，相互交易买卖。

宋辽两国这次缔结的盟约被称为"澶渊之盟"。根据盟约内容可以看出，明显北宋吃了亏。为什么北宋明明打了胜仗，不但没有收回燕云十六州，还要和辽国签订不平等条约呢？

虽然北宋官方一再强调，此举是为了节省军费，但很多人还是觉得国威扫地。而辽国在打败仗的情况下，却得到了战场上得不到的东西。占了这么一个大便宜，想必他们在梦里都会笑醒吧？

原来皇帝怕打仗

"澶渊之盟"背后究竟隐藏了什么秘密,经过我们前线记者的详细调查,真相终于水落石出了。

原来,这些年来,辽国时不时就侵犯大宋边境,掠夺财物,屠杀百姓,边界百姓一直生活在水深火热之中。辽军以骑兵为主,打得过就打,打不过就跑,灵活多变。尽管宋兵在杨家将杨延昭(杨业的儿子)的带领下,拼命抵抗,但辽国军队仍然扰得北宋边境不得安宁。

公元1004年,辽圣宗、萧太后亲自率领20万大军,浩浩荡荡南下,直取北宋。辽军彪悍能战,一路上势如破竹,很快就兵临澶渊城下。

宋真宗知道辽国来袭后,惊慌失措,连忙召集大臣。宰相寇准建议真宗御驾亲征,而副宰相王钦若却劝真宗迁都金陵,赶紧逃命。

宋真宗真是左右为难。打吧,万一抵挡不住辽国的进攻,被俘虏了怎么办呢?跑吧,不仅丢面子,还担心辽国一路追赶过来。

寇准找了个借口调走了王钦若,苦口婆心地劝宋真宗说:"辽国入侵我们国家,将士们都非常气愤,纷纷叫着要将他们赶回去。如果这时候您亲临战场,将士们一定大受鼓舞,士气高涨,一定能打退敌人的进攻;相反,如果您执意南下,士气受创,军心动摇,很有可能会国破家亡呀!让陛下逃命的人,应该斩首!"

听了这番话,宋真宗的胆儿壮了几分,决定御驾亲征。当他到达澶州时,将士们看到皇帝,大受鼓舞,一举打败了辽军,并趁机杀死了辽国的大将萧挞凛。

辽国士气大跌,萧太后听说真宗亲临战场,觉得这场仗难打了,就立刻派人议和。

宋真宗原本就不想打仗,是被寇准给"强逼"到战场上的,心里正忐忑不安呢。一听说辽国主动求和,正中下怀,他立刻答应了:"只要不割让国土,一切好说,即使是给他们一些钱财也行。"

但寇准却坚决反对:"我们打了胜仗,士气正旺,怎么能议和呢?应该让他们把燕云地区归还给我们,怎么能倒贴给他们钱财呢!"

可是宋真宗已经铁了心议和,压根儿听不进寇准的意见,他立刻派遣大臣曹利用为使者,去澶渊的辽国大营谈判,并签订了前面的不平等条约。

两国的百姓都松了一口气,因为辽宋双方在很长一段时间内都不会发生战争啦。

(此后一百多年里,辽宋两国都没有发生过战争,有力地促进了民族融合。)

只赔30万,心里好高兴

编辑们:

你们好!前段日子,我们和辽国签订合约,答应每年赔他们30万金银财帛。表面上看来,我们是赔了,实际上我们是赚了,想知道为什么吗?

你想想,只要不打仗,我大宋这么多百姓,别说30万银帛,300万银帛也能赚回来。更何况,曹利用去辽营谈判时,我跟他交代过,哪怕辽人开口要100万,也要答应他们。

曹利用回来的时候,我叫太监去问他结果。他伸出三个手指头,我以为赔了300万,觉得有点儿多。不过再想想,300万买整个国家的平安,其实也算划得来了,大不了向百姓多收点儿赋税嘛。

当我知道只赔了30万时,我高兴得都快蹦起来了!好家伙,曹利用足足给我省了270万!我们大宋有这样的贤臣,还愁不能国富民强吗?编辑们认为呢?

赵恒

皇上:

您好!您的来信让我们感到悲哀,真的。您作为皇帝,当然认为30万银帛不多,可这对百姓来说简直是天文数字呀!他们辛辛苦苦一年,可能连饭都吃不饱,却还要为您的赔款埋单,唉……

至于您说曹利用是贤臣,不如说真正贤能的人是寇准。曹利用去辽营前,是寇准拉住他,警告他说,如果赔款超过30万,就要他的脑袋!所以曹利用才拼命地跟辽人讨价还价,把数目刚好控制到30万。

皇上,我们知道您热爱和平,可您也得热爱自己的百姓呀,您说是吗?

报社编辑

"寇老西儿"被贬了

宋辽双方终于握手言和了，真宗皇帝自以为办了一件了不起的大事，成天得意极了，对宰相寇准更加重用了。副宰相王钦若非常眼红，总想着找机会狠狠整治一下这个"寇老西儿"。

有一天退朝后，王钦若留下来，悄悄问真宗："皇上这么器重寇准，是因为他上次立了大功吗？"

真宗回答："没错呀。"

王钦若说："哎呀，皇上，我们与辽国签订盟约，本来就是一件很屈辱的事情，更何况是您亲自决定的呢！"

真宗听了，仿佛被迎头泼了一盆冷水，顿时闷闷不乐。

王钦若趁机又说："皇上，要不是当初寇准死活要您御驾亲征，您怎么会背上这么大的'耻辱'呢！"

真宗一听，觉得很有道理，心里也暗暗责怪起寇准来。

从此以后，真宗见着寇准就心烦，怎么看怎么不满意，于是就找了个借口，把寇准一脚踢出了朝廷。

可怜的寇准，还没弄清楚怎么回事，就从高高在上的宰相，变成了一个小小的陕州知州。

"罪魁祸首"虽然走了，可那"耻辱"还在那呢，所以真宗还是很烦恼。

为封禅，皇帝也给"封口费"

王钦若踢走了寇准，非常高兴，他知道宋真宗正为怎么洗刷耻辱而烦恼，就继续进谗言："皇上，不如您来个'封禅泰山'吧！这样就能镇服四海了！"

封禅？好主意呀！真宗听到这个办法，非常高兴，可马上又为难了。自古以来，只有天降祥瑞才能封禅（祥瑞，即夏天降雨雪、一禾长三穗、屋内生灵芝等吉祥的预兆）。这平常日子，哪来的祥瑞呀？

这时，王钦若又建议说："皇上，其实有时候，祥瑞降下来，并不是那么容易被发现的。我们得派人去找！"

真宗高兴坏了，立刻让王钦若到处寻找祥瑞。不过，真宗知道这是自欺欺人，他怕宰相王旦反对，于是左思右想，终于想到了一个好办法。

他派人把王旦请进宫赴宴，散席之后，真宗亲自送给他一个坛子，说："这坛酒味道好极了，你带回家和老婆孩子一起享用吧！"

王旦回家打开坛子一看，里面竟是满满一坛珠宝，价值连城。王旦也是个人精，立刻明白皇帝是有事求他。可是究竟是什么事呢？

没几天，真宗和王钦若假造天书，并将决定封禅的事情传来了，王旦一下明白了。唉，吃人嘴短，拿人手短，更何况是皇上亲自"贿赂"呢！王旦拿了"封口费"，也只好闭嘴不说了。

没多久，一场闹剧般的"封禅泰山"就轰轰烈烈地拉开了帷幕。

百姓茶馆

某山民

官府下令，要为皇上封禅找祥瑞，我们这些泰山脚下的百姓只好去深山挖灵芝，挖来后种在家里，再献给官府。听说，光我们泰山百姓献的灵芝就有38250株呢。

平民小龙

听说，皇上去泰山封禅的时候，带了好多好多的官员、护驾军队和僧侣，至少有三万人呢。表面上是去考察民情，实际上不过是做个样子。他们一路吃吃喝喝，再加上皇帝的赏赐，一共花了830多万贯钱。这都是百姓的血汗钱啊！

商人老钱

自从皇上封禅泰山后，年年都降天书。我就不明白了，哪来那么多天书可降？后来有人告诉我，这天书呀，其实是皇上自己伪造的。哎哟，真是太好笑了！

不愿做官，愿做山长

如果皇上亲自召你去京城做官，你去不去？估计很多人都求之不得吧！不过，有这么个人就不给皇帝面子。他就是岳麓（lù）书院的第一任山长（相当于校长）——周式。

岳麓书院是潭州太守朱洞筹资建立的。周式因为博学多才，远近闻名，被请来担任第一任山长。周式日夜操劳，既要管理整个书院，又要给学子们讲学。在他的管理下，岳麓书院的名声也越来越大。

后来，真宗听说了周式的才学，就把他召到京城。两个人喝酒聊天，每当周式讲到精彩的地方，真宗就拍手叫好。真宗还把大臣和皇子们叫来，让他们听周式讲学。

真宗对周式非常喜爱，就给他封了一个国子监主簿的官。这要换成别人，早就叩头谢恩了，可周式不，他竟然拒绝了。他一心想着自己的岳麓书院，坚持要回去继续当他的山长。

强扭的瓜不甜，真宗只好赐了他一匹马，放他回去了。因为感念周式品格高尚，真宗还亲自题了一块"岳麓书院"的牌匾，挂在书院的大门上。

岳麓书院也因此名扬四海。人们对它的评价是："朝廷重之，士望归之。"意思是，它是朝廷非常重视的地方，是天下读书人做梦都想来的地方。

名 人 有 约

身份：前任宰相

大：大嘴记者　　**寇**：寇准

大：寇大人，久仰久仰！听说您18岁就考中进士了，是吗？

寇：是的。我出生在一个书香世家。父亲去世得早，家里很穷，不过，母亲非常重视我的学习，让我读了不少书。

大：看来良好的家庭教育十分重要啊。听说您刚开始做官时，先帝重用您，是因为您很会来事儿吗？

寇（认真）：会来事儿是指什么事儿？

大：寇大人，非要我说明白啊？就是拍拍皇帝马屁啊什么的。

寇（正色）：我寇准虽然穷，但还不屑于靠这个升官发财。

大：大人别生气。天下人都知道您清正廉明，是百姓心中的好官儿、皇帝心中的好臣子啊。话说回来，太宗皇帝为什么那么看重您啊？

寇：因为我敢直言进谏嘛。不过忠言逆耳，有时候先帝还是会生我的气。

大：谁都愿意听好话啊！那这时候您怎么办呢？

寇：我记得有一次上朝，先帝被我惹火了，站起来要回内宫。我就跑上前去，死死地拉住他的衣角，不让他走。

大：啊！您好大的胆子啊，哈哈！那后来呢？

寇：后来，我好不容易把他劝回龙椅，让他继续听我把话讲完。还好，先帝英明，没有因为这件事讨厌我，事后还夸赞了我一番。

名人有约

大：那当然，您简直就是太宗皇帝的"魏征"啊。

寇：哈哈，先帝也是这么说的。

大：听说，先帝立太子的时候，还特意找您商量过是吧？当时您是怎么说的？

寇：先帝问我时，我并没有直接回答，只是说，为天下选择未来的国君，既不能和后妃、内臣们商量，也不能和亲近的大臣谋划。因为太子将是天下的共主，所以应该选择众望所归的人为太子。

大：所以后来先帝就选了襄王为太子。据说，之后您又被贬到邓州当知州去了，这是怎么回事？

寇：这个……当时，我和一个朝官发生了冲突，我就到先帝那里去讨个说法，结果顶撞了先帝。先帝可能觉得我太好强，太狂妄了，就把我贬官了。

大：那后来您是怎么回到朝廷的呢？

寇：后来皇上（真宗）即位，辽人屡屡来犯，边境告急。皇上这才把我召回来做宰相。

大：可惜您为朝廷作出这么大的贡献，却又被贬官了。

寇：没关系，反正我都习惯了。说不定哪天皇上想起我，又把我召回京城做宰相呢。

大：哈哈，寇大人您真想得开。那就祝您早日重回京城吧。再见！

广 告 铺

招工启事

　　自从真宗皇帝泰山封禅以来,民间就开始流行起祈求等事情来,香油、灯烛开始供不应求。我们店里的生意也是大涨,最近又开了一家分店,因人手不足,决定再招聘一些人才,共同奋斗。机会难得,待遇从优,请有意向者速速前来洽谈。

平价香油铺

真宗皇帝的《劝学诗》

　　富家不用买良田,书中自有千钟粟。

　　安居不用架高楼,书中自有黄金屋。

　　娶妻莫恨无良媒,书中自有颜如玉。

《劝学诗》节选

好消息

　　自从乾德四年（966年）,朝廷颁布允许农民自由垦田的政策后,农民垦田的积极性大大提高。现在,很多平原、山陵都变成了良田。据统计,到天禧五年（1021年）为止,全国一共开垦了5.24亿余亩土地！希望百姓们再接再厉,多多垦荒！

全国各衙门

智者为王

智者第 1 关

1. 是谁在"陈桥兵变"后当上了皇帝?
2. 宋太祖"杯酒释兵权"的目的是什么?
3. 宋太祖定下的统一中国的策略是什么?
4. 太祖死后,谁继承了皇位?
5. 太祖曾经说过一句很有名的话,意思是自己的地盘,不允许他人染指,这句话是什么?
6. 为了防止官吏贪污,太祖推行了一个著名的政策是什么?
7. "半部论语治天下"的是谁?
8. 太祖为什么把皇位传给弟弟?
9. 在太宗的旨意下,新建的藏书馆叫什么?
10. 哪个国家的灭亡,标志着中国重新走向统一?
11. 北汉是被谁消灭的?
12. "杨无敌"指的是谁?
13. 宋太宗把皇位传给哥哥的儿子了吗?
14. 宋朝出了名的怕打仗的皇帝是谁?
15. 谁力劝宋真宗御驾亲征?
16. 辽圣宗年幼时,谁掌握辽国的大权?
17. 北宋以岁币换取和平开始于哪个盟约?
18. 为了洗刷"澶渊之盟"的耻辱,宋真宗想了个什么办法?

智者无敌 王者为大

第 4 期

〖公元 1038 年—公元 1044 年〗

宋夏之战

公元 1038 年,党项族首领李元昊(hào)脱离北宋的统治,自立为帝,国号大夏,史称西夏。从此,两国开始了长达三年的战争。1044 年,北宋与西夏签订和约,史称"庆历和议"。

穿越必读

烽火快报

李元昊称帝，西夏建国
——来自兴庆的加密快报

来自兴庆的加密快报！

公元1038年10月，北宋西北方向的党项族传来一个令人震惊的消息，他们的首领李元昊在兴庆（今宁夏银川）称帝，国号大夏。

党项是羌族的一支，在唐朝末年的时候，党项族的拓跋思恭因为剿灭黄巾军有功，被唐朝皇帝封为节度使，并赐李姓。

北宋建立之后，党项首领就向北宋俯首称臣，双方一直维持友好关系。

李元昊在公元1032年继承了党项的王位，他野心勃勃，表面上向北宋称臣，暗地里却开始准备脱离北宋。没多久，他丢弃了李姓，自称嵬（wéi）名氏，并开始修建宫殿，设立文武大臣，规定官员和百姓的服饰，创立西夏文。

一段时间后，李元昊又派遣大军，相继攻陷吐蕃（bō）的瓜州、沙洲（今甘肃敦煌）和肃州（今甘肃酒泉、嘉峪关一带），占据了这三个战略要地。最后，彻底摆脱了北宋的统治。

消息传来，北宋举国上下愤怒不已，双方关系正式宣告破裂。

西夏的建国史

从唐代开始,不管中原是什么人当政,生活在平夏地区的党项族,在李氏的带领下,都会俯首称臣。

经过二百多年的建设,这里成了一个非常富饶的地方,可以说要兵有兵,要马有马,要钱有钱,要粮有粮。

公元980年,不到20岁的李继捧当上了党项首领。因为太年轻,很多族人都不服他。李继捧于是跑到东京朝见太宗,请求帮助。

太宗很乐意,但条件是李继捧要献出银、夏、绥(suí)、宥(yòu)、静五个州。李继捧答应了。

但李继捧的族弟李继迁却不甘心。他联合族里的各个部落,起兵反抗北宋;还派遣使者去见辽圣宗,表示愿意归顺辽国。而李继捧虽然献出了五个州,但是心不甘情不愿,所以也暗中配合李继迁。没多久,李继迁攻下了银州。

宋真宗即位后,害怕打仗,为息事宁人,把平夏地区割让给了李继迁,实际上也就承认了西夏的独立地位。

绝密档案

公元1004年，李继迁的儿子李德明上任后，向北宋发出搞好关系的信号。宋真宗高兴得合不拢嘴，他最怕的就是打仗了！于是封李德明为西平王，每年还送他大量的白银、绢帛。

李德明非常满意，党项族和北宋也因此维持了三十多年的和平。

而这个称帝的李元昊就是李德明的儿子。比起他爹来，李元昊更有才华，不但从小熟读兵书，而且精通汉语、吐蕃语。不过，李元昊却是个野心勃勃的家伙。

为了扩大党项族的地盘，他唆使父亲不要再向北宋称臣。

李德明说："小子，别做梦了，这三十多年来，要不是有宋朝的赏赐，我们怎么能过上锦衣玉食的生活呢？"

李元昊说："我们党项人从来都是穿皮毛，牧牛羊。英雄好汉，就应该建立自己的功业，怎么能被这么点儿好处收买呢？"

终于等到我大展拳脚的一天啦！

"再说，宋朝的赏赐，只够我们自己享用。部落里其他人还是很穷，怎么办呢？我看，不如从现在开始训练兵马。力量小的时候，就抢一些财物回来；力量大了后，就去抢夺土地。这样，整个部族的人就都能富裕起来了。"

可是，李德明还是不肯跟北宋翻脸。

一直等到父亲死后，李元昊即位，他才迫不及待地按照自己的主张，建立了西夏。

会跳动的盒子

西夏建立后,北宋和西夏就战争不断。前不久,两国又在好水川(今宁夏的隆德县与西吉县之间)进行了一场大战。

战争是西夏挑起的。公元1041年,李元昊率领十万大军进攻北宋,表面上说要攻打渭州,实际想诱敌深入,暗地里将主力埋伏在好水川附近。

北宋的副主帅韩琦听说西夏军进犯渭州,就派大将任福领着一万多精兵,前去追击。宋军和西夏军一碰面就打,打了一会儿,西夏军丢下战马、骆驼,撒腿跑了。宋军见敌人不多,在后面紧追不舍,一连追了三天三夜,来到好水川。

刚好这时,天也黑了,宋军累得气喘吁吁,任福便叫他们休息一夜,养足

精神,等第二天一举将敌军消灭。

第二天,任福领着宋军向西走,来到了六盘山下。这里静悄悄的,一个敌人都没有,路边倒是有几个密封的盒子。士兵觉得奇怪,就捡起盒子,摇了摇,里面好像有什么东西在跳动。任福叫士兵们打开盒子,只听"咕咕"一阵响声,一百多只带哨的鸽子从里面飞出来。

埋伏在附近的西夏军见到信号,立刻发动进攻。一场恶战就此展开,宋军边打边退,退到悬崖边时,很多人掉下去摔死了。

任福中了十多支箭,士兵们劝他逃跑,他却说:"我是大将,现在兵败,只能以死报国了!"说完,又向西夏军冲去,结果被敌人的长枪刺穿喉咙而死。

这场战役被称为"好水川之战",以宋军大败而告终。

大宋要与西夏讲和吗

编辑老师：

　　你们好，自从大宋跟西夏翻脸后，我们两国之间一共进行了三场大规模的战役：三川口之战、好水川之战和定川寨之战。惭愧的是，每次都是我们大宋吃败仗。

　　虽然屡战屡败，但我们大宋是不会轻易认输的。这时，李元昊却派使者来京城，说要与我们讲和。你们说，我是答应还是不答应呢？

赵祯

皇上：

　　您好！这么重大的事情，我们还真不敢给您拿主意，最多帮您分析一下西夏求和的原因。

　　西夏跟我们打仗，是因为他们穷，想通过征战抢点儿东西回去。可是，他们在战争中消耗的物资，比抢夺的物资还要多，所以，即使他们打了胜仗，他们也划不来。

　　而且李元昊这个人好大喜功，到处跟人打仗，结果国家越打越穷，他们的百姓已经穷得连饭都没得吃啦。再加上前不久，西夏与辽国又发生了矛盾……这么多事情搅在一起，李元昊想不求和都不行。

　　至于大宋要不要接受他的求和，还是皇上您自己拿主意吧。

报社编辑

百姓茶馆

某果农

听说,我们与西夏签订的和约规定:西夏取消帝号,向我大宋称臣!这真是一个天大的好消息呀!

某茶农

好什么!西夏只是表面上称臣而已。你不知道,和约还规定了,大宋每年要赏赐西夏5万两白银、13万匹绢、2万斤茶叶呢!再加上每年向辽国进贡的岁币,我们老百姓以后可怎么活啊!

某稻农

没错,大宋面子算是捞着了,实际上,还不是花钱买平安。听说,每逢元旦、冬至、皇帝、李元昊生日,咱们皇帝还得赐西夏共计2.2万两白银、2.3万匹绢、1万斤茶叶呢!

某士兵的母亲

既然签了和平协议,为什么不把双方的俘虏放出来呢?这算什么事啊,我的儿子和侄子都被西夏国俘虏了啊!在我有生之年,还能见到他们吗?

北宋不留人，自有留人处

北宋原本有两个很有才华的人，一个叫张元，一个叫吴昊。刚开始，他们满腔热血地想为朝廷效力，可不知怎么回事，考了好多次进士，就是考不上。

俩人郁闷极了，就写了一首《咏鹦鹉》，里面有两句："好着金笼收拾取，莫教飞去别人家。"意思是，大宋啊大宋，你还不编个金笼子把我们收走，否则我们就飞到别人家去了。

他们等啊等，终于对北宋绝望了，于是决定投奔西夏。可是，怎样才能吸引西夏皇帝的注意呢？

一天，他们两个来到西夏的一家酒店，一顿豪饮后，在墙壁上留了一句话："张元、吴昊到此一饮。"

西夏巡逻兵看了，吓了一跳：好大的胆子！谁叫吴昊？竟然跟皇帝一个名！于是把张元、吴昊抓起来，送到李元昊面前。

李元昊问他们："你们怎么不避讳我的名字呀？"

他们却将李元昊狠狠地讽刺了一把："有的人连姓都不在乎了，谁还在乎名字呢？"

李元昊听了，不仅不生气，还很欣赏他们，于是把他俩留下来辅佐自己。为了让他俩安心留在西夏，不久，李元昊又派人把他们的家人接了过来。

就是他们，指挥了好水川之战，把宋军打得落花流水。谁叫北宋朝廷不重视人才呢？

名人有约

身份：北宋副帅

大：大嘴记者　　范：范仲淹

大：范大人，您好！在大宋与西夏的一系列战争中，您老功不可没呀。

范：唉，打了那么多败仗，还谈什么功劳不功劳的。

大：不以成败论英雄嘛。再说要是没有您，大宋还会败得更惨呢。我想问一下，到底是什么原因，使大宋的战斗力这么差呢？

范：我们大宋自建立以来，一直重文轻武，战斗力本来就不强，再加上军队有三十多年没打仗了，士兵们都过惯了太平日子，哪里还会打仗啊！

大：原来是这样。听说在制定战略的时候，您和韩副帅（韩琦）闹过矛盾？

范：不是闹矛盾，是意见不统一。他主张进攻，我主张防守。

大：能具体说说你们各自的理由吗？

范：他认为西夏并没有那么难对付，只要集中兵力，进行大规模的反击，就能将他们打败。可我觉得，大宋的军事制度存在很多问题，所以当务之急是进行军事改革，同时严密地防守。

大：我很赞同您的观点。韩副帅高估了宋军的实力，又低估了西夏的实力，所以才导致后来的好水川之战失败，对吧？

范：是的。韩琦战败后，在回来的路上遇到了几千名死者的家属，他们哭着喊着亲人的名字。当时的场面，真是太悲惨了！

名人有约

大（叹息）：韩副帅一定也追悔莫及吧。我想知道，针对大宋战斗力低下的问题，您采取了哪些措施呢？

范：以前，宋军遇到敌人，都是先让低级军官去抵御。我觉得这样很不好。在战场上，不能用官阶的高低来决定出战的顺序。所以，我检阅了军队，把一些不合格的军官撤掉了，换上了有战斗经验、有指挥能力的军官。

大：好办法！还有呢？

范：士兵中的一些老弱病残，也被我淘汰掉了。而且我发现，边关很多士兵都是从外地调来的，一个个不但不能吃苦耐劳，而且时间一长就想家。所以，我在当地招了很多新兵。这些兵既熟悉地形，又愿意保卫家乡，战斗力自然就加强了。

大：哇，我对您老真是佩服得五体投地！还有吗？

范：当然，身为将帅，还要以身作则。士兵没喝水，你就不能叫渴；士兵没吃饭，你就不能叫饿。士兵杀敌有功，你得奖励；犯了错误，要按军法处置。

大：哇，我相信有了您训练的这支军队，以后敌人一定不敢再轻易冒犯大宋！好的，今天的采访就到这里了。范大人，再见！

广告铺

交子铺，让您的钱财更安全

如今兵荒马乱，随身携带巨额现金非常危险，怎么办？不用担心，一种新的货币——交子出现了！只要您把现金交给交子铺，铺户就会给您开一张交子（一种特制的纸卷）。拿着这张交子，您可以在任何分铺兑换现金！

我们的宗旨是您的方便，就是我们最大的快乐！

金宝交子铺

求一套瓷碗

我一直想要一套漂亮的瓷碗，可是我们西夏不生产瓷器。听说，前不久我们和宋朝打仗，抢了不少名贵的瓷器。不知谁手上有整套的瓷碗，我愿意出高价购买。

某乡绅

秃发令

为了让我们党项的风俗习惯和中原人士区分开来，让我们的民族文化更有特色，现下令全国男人三日内统统剃光头或留一小撮，不从者，任何人都可以把他杀了！

李元昊

第 5 期

〖公元 1022 年—公元 1063 年〗

仁厚之君
开创盛世繁华

穿越必读 ▶

宋仁宗是北宋在位时间最长（41年）的皇帝，也是最仁慈的皇帝。仁宗在位期间，北宋面临官僚膨胀、财政危机的局面，于是他起用范仲淹改革，推行"庆历新政"。但新政只维持一年多，就以失败告终。

烽火快报

朝廷出现财政危机，急需改革
——来自东京的加密快报

北宋开国已经一百多年了，经历了宋太祖、宋太宗、宋真宗，到现在的宋仁宗，已经是第四个皇帝。

如今，朝廷里各种各样的机构是越来越多，大大小小的官员也随之越来越多，当兵的也越来越多，导致局势变得越来越混乱。再加上外有西夏、辽国的侵略，内有农民起义，各种军费支出和赔款，国家出现了严重的财政危机。

宋仁宗看到这种状况，心急如焚。西夏的战事一平定下来，他立刻就把范仲淹召回都城，封他为副宰相，要他提出治国的方案。

最后，他们一致认为，朝廷的弊病太多，必须进行一场大改革！

来自东京的加密快报！

短命的庆历新政

庆历三年（公元1043年）年底，在仁宗皇帝的旨意下，范仲淹、韩琦、富弼三位大臣同时执掌朝政，欧阳修、蔡襄、王素、余靖同为谏官，制定了一系列的改革措施。

范仲淹向仁宗上书《答手诏条陈十事疏》，提出择官长、均公田、厚农桑、修武备、减徭役、重命令等十条改革措施。仁宗采纳了大部分意见，开始实施新政（史称"庆历新政"）。

庆历新政以整顿吏治为中心，规定官员必须按时考核政绩，根据政绩的好坏进行升职奖励或降职惩罚；更改了荫补法，规定除长子外，其他的子孙必须年满十五岁，弟弟和侄子必须年满二十岁，并且接受一定的考试，才能继承祖上的官职；更改科举法，轻徭役，废并县等。

为了更好地推行新政，范仲淹和韩琦、富弼等人亲自审查了各路监察官。

有一次，范仲淹在一份监察官名单中发现有贪官，就拿起笔，把他的名字勾掉了。一旁的富弼见了，说："范公啊，您这一勾，可要害一家人哭鼻子呢！"

我勾，我勾！

范仲淹回答:"我要是不勾,就要害一路的百姓哭鼻子了。"

新政实施后获得了一定的成效,查处了一大批贪官污吏,撤掉了一些昏庸无能的官员,保举和提拔了一批清正廉洁的官员,整个朝廷的风气焕然一新。

可同时,新政也严重触犯了大官僚、大地主的利益。他们联合起来,到处散播谣言,说新政怎么怎么不好,还说范仲淹结党营私。

宋仁宗一看,这么多人反对,心里就动摇了。这时,范仲淹也被排挤得在京城里待不下去了,便主动向仁宗请求,去陕西戍守边疆。

仁宗顺水推舟,把他调走了。范仲淹一走,仁宗就下令,取消一切新政。因此,新政只进行了一年零四个月的时间,就被迫停止了。

小范,太多了吧!

到底该怎么评价范仲淹的政绩

编辑老师：

你们好！我是一名监察官，专门负责地方官员的政绩考核。最近，我遇到一件很棘手的事情，事情是这样的：

今年，吴州一带闹饥荒，当地的官员范仲淹一面下令开仓赈济灾民，一面发动民间捐米捐粮。这些措施本来是极好的，但同时，他又鼓励百姓们经常举行划船比赛，自己也天天在湖上宴饮。

这还不算，他又召集各佛寺大兴土木。这正是灾荒年间，他怎么能不体恤民情，反而做出这些劳民伤财的事情呢？

我想给他评差吧，他又赈济了灾民；给他评优吧，他又不体察民情，我真是左右为难呀！

监察官王旦

王大人：

您好。得知您遇到的难题后，我们亲赴吴州，经过一番明察暗访，终于了解了事情的真相。

请您相信，范大人是一位爱民如子的好官，他是真心实意为百姓着想。首先，赛船等都是吴州的民俗风情。范大人鼓励他们赛船，让寺庙大兴土木，其实是要借富裕人家的钱，来救助受灾的贫苦百姓。

贫苦百姓靠造船、建寺庙出卖劳力，来获得生存的机会，从而不至于背井离乡，忍饥挨饿。我们相信，通过范大人的这些措施，吴州的饥荒问题很快就会得到解决的！

报社编辑

节俭仁慈的宋仁宗

仁宗从公元1022年登基，到现在已经有二十多年了。要是你问大宋的百姓，当今皇上怎么样啊？他一定跷起大拇指，说："当今的皇帝真是个明主呀，又节俭又仁慈。"

一年秋天，有个官员向仁宗进献了28枚香喷喷的蛤蜊。仁宗就问："这是从哪儿弄来的呀？"官员回答说是从很远的地方运过来的。

仁宗又问："多少钱一枚呀？"官员说一千钱一枚。

仁宗立刻变脸了："我天天跟你们说，要节省，要节省！现在一顿蛤蜊就要吃掉两万八千钱，我吃不下！"于是，他真没有吃那些蛤蜊。

还有一次，仁宗处理事务到深夜，肚子饿得咕咕叫。他想：要是有一碗热气腾腾的羊肉汤喝，该多好呀！可是仁宗硬是忍着饥饿，一句话没说。第二天，他把这件事告诉了皇后。皇后心疼地说："陛下，您日夜操劳，想喝羊肉汤跟御厨吩咐一声就好了。不要饿坏自己的龙体呀！"

仁宗却说："如果我跟御厨说了，从今以后，御厨一定夜夜宰羊，一年要宰几百头羊，十年就是几千头。为了我的一碗汤，也太浪费了。况且，我也不忍心看他们伤害那么多生灵。"

一顿饭两万八千钱，太贵了，不吃！

天下风云

历来的皇帝都爱兴文字狱,但仁宗不。一年科举考试,有个叫苏辙的考生在试卷里写道:"我听人说,宫里有成百上千的美女。皇帝整天沉迷在酒色中,对国家大事不闻不问。"考官们看了非常气愤,这简直就是毁谤!而且毁谤的对象还是当今皇帝!于是考官们向仁宗上奏,要求严惩苏辙。

这要换成别的皇帝,说不定就灭苏辙九族了。仁宗却一点儿也不恼,说:"朝廷之所以设立科举,就是让大家把想说的话说出来嘛。苏辙不错,心里有话就敢说,我要赏他个功名!"

不过有人担心,皇帝太仁慈未必是件好事,这样不是太纵容那些贪官和侵略者了吗?

铁面无私包青天

呃,有人把我的舌头割了。

国家有仁宗这样的明君,自然会有一大批贤臣。包拯就是其中的一个。

包拯早些年做过县令。一次,有个农民来告状,说他家牛的舌头被人割掉了。这可真奇怪!

包拯听了不动声色,说:"反正这头牛也活不了了,你先回去,把牛宰了再说。"

第二天,有人来举报,说农民私自宰了家里的耕牛。原来北宋的法律规定,百姓是不能私自宰耕牛的。包拯却把惊堂木一拍,大声说:"你好大的胆子,割了人家的牛舌头,还告人家私自宰牛。"

举报的人吓得赶紧跪地磕头,承认自己与农民有仇,所以故意割下他家牛的舌头,再来举报他。

从那以后,包拯断案如神的名声就传开了。包拯担任了好几处的地方官,处理了许多冤案,后来又去京城做了谏官。

庆历新政失败后,朝廷越来越腐败,尤其是开封府,这里皇亲国戚和豪门权贵云集,贪污受贿现象随处可见。仁宗想整顿一下风气,就把包拯调去当知府了。

在这之前,百姓们要去开封府告状,必须写一张状纸,让衙门的小吏

天下风云

呈上去，有些小吏就趁机敲诈勒索。包拯上任后宣布，谁有冤情，直接到衙门口击鼓。鼓声一响，衙门大开，百姓直接上堂诉冤。

一年开封发大水，包拯派人去调查，发现原来是有些权贵、宦官在河道上修花园、亭台，把河道给堵了。包拯下令拆除这些建筑，谁知一个权贵拿出一张地契，说这里本来就是他的家产。包拯派人一查，发现地契是假的，于是命令权贵立即拆除花园，还给仁宗写了封奏章。权贵这才慌忙把花园给拆了。

包拯执法严明，廉洁奉公，谁要是想给他送礼，那是自己讨打！就算是亲戚找他，他也一概不理。因此，民间出现了两句歌谣："关节不到，有阎罗包老。"

包拯病死之前，给子孙留了一份遗嘱，说："以后子孙后代做了官，如果贪污受贿，死了不准埋在包家的坟地上！"

狄青，从小兵到枢密使

说起狄青，他可是当今大宋的一个传奇。为什么？因为他是开国以来，唯一从小兵做到枢密使的人。

狄青原本是禁军中的一个普通小兵，因为武艺高强，箭术精湛，后来被提拔做了一个小军官。西夏军入侵时，狄青被派到陕西保安（今陕西志丹县）戍守边疆。在那之前，保安的宋军老是吃败仗，很多士兵都不敢上战场了。狄青来后，主动要求做先锋，跟西夏军交战。

上阵前，狄青把头发散下来，戴上一个凶恶的铜面具，然后拿起长枪，冲进西夏军的阵营。西夏军哪见过这副打扮，还没交战，就吓得浑身发抖了。狄青趁机领着宋军一阵砍杀，终于打了一个大胜仗。

宋仁宗听到胜利的消息，简直高兴坏了，立刻把狄青连升四级。后来，狄青多次和西夏军交战，把西夏军打得落花流水。

范仲淹听说了狄青的名字，就召见他，问："你读过一些什么书啊？"

狄青茫然地回答："我认字不多，没读过什么书。"

于是，范仲淹推荐给狄青一些书籍，说："将领不是光靠勇敢就能打胜仗的，还得通古博今才行啊。"

从那以后，狄青一有空就读书，把许多兵法读得滚瓜烂熟，打起仗来就更得心应手了。因为立下不少战功,狄青被宋仁宗召回京城,担任马军副都指挥。

宋仁宗召见狄青时,看到他脸上刻有黑字,皱了皱眉头,说:"狄青啊,你现在是朝廷官员了,得注意形象,回家后把脸上的字除掉吧!"

这黑字是狄青当小兵时,军队为了防止士兵逃跑刻下的。狄青回答说:"皇上不嫌弃我出身低微,大力提拔我,我很感激。这些字让它留着吧,还可以激励一下那些小兵。"

宋仁宗听后,对他更加赞赏了。

后来,狄青又立下不少功劳,被提拔为枢密使,掌管全国的军事。有些大臣认为,狄青出身卑贱,不能担当如此重任。可宋仁宗一概不听。

有个自称是唐朝名相狄仁杰后代的人,拿了一幅狄仁杰的画像,挖苦狄青说:"反正你也姓狄,不如就认狄公做祖宗吧?"

狄青只是笑笑说:"我怎么敢高攀狄公呢?"

一代文豪欧阳修

　　大文学家欧阳修从小就天资过人，但由于家境贫穷，买不起纸和笔。母亲为了教儿子习文练字，就想出了一个巧妙的办法，用屋前池塘边的荻（dí）草，代替毛笔，教欧阳修在松软的沙地上写字。

　　欧阳修很快就迷上了读书，买不起书，就跑到别人家去借。遇到特别喜欢的书，他还会原原本本地抄下来。

　　有一次，他得到一本唐代文学家韩愈的文集，发现韩愈的文章清新自然，和当时流行的那种文笔华丽、内容空洞的文章大不相同。于是，欧阳修决定学习韩愈的文风。

　　长大后，欧阳修去东京参加进士考试，一下子就考了个第一名，从此走上仕途。

　　范仲淹变法失败后，被排挤出朝廷，谁都不敢出来替他说话。只有欧阳修站出来，对宋仁宗说："范仲淹是国家的栋梁，为什么要罢免他？这样做只会使坏人得意，好人蒙冤！"

　　那些反对变法的大臣非常恼火，就给欧阳修编造了一堆罪名，因此他被贬到滁州（今安徽滁州）去了。

　　滁州有座琅（láng）琊（yá）山，风景优美，山上有座小亭子，欧阳修经常去亭子喝酒，还给它取了个名字叫"醉翁亭"，并写了一篇精妙绝伦的文章《醉翁亭记》。

　　十多年后，宋仁宗又把欧阳修召回京城，让他做了翰林学士。

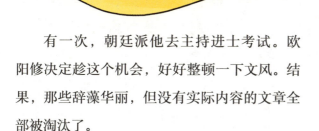

有一次,朝廷派他去主持进士考试。欧阳修决定趁这个机会,好好整顿一下文风。结果,那些辞藻华丽,但没有实际内容的文章全部被淘汰了。

因为这事,考生们对欧阳修都心怀不满。有一次,他骑着马出门,半路上,很多人突然围过来,指着他的鼻子破口大骂。幸好巡逻的士兵赶过来,替他解了围。

不过从那以后,北宋的文风也有了一些改变,大家都开始学着写朴实有内涵的文章了。

在他的影响和提拔下,许多原来并不那么出名的人,一个个都成了名家。最出名的是曾巩、王安石、苏洵和他的儿子苏轼、苏辙。

在举荐苏轼时,有人提醒他说:"恐怕十年之后,后人只知道苏轼,不知道先生了。"欧阳修听后淡然一笑。

现在,人们把欧阳修等六个人和唐代的韩愈、柳宗元合起来,称为"唐宋八大家"。

新闻广场

毕昇发明活字印刷术

早期,我们一直采用雕版印刷的方式,印刷书籍。

雕版印刷,就是在一块平整光滑的木板上,把书稿上的字一个个雕刻出来。印刷的时候,在凸出的字上刷上墨汁,用纸张印刷出一张张复制品。

这种印刷方法速度比较快,但也有很多缺点:一、雕刻木板费时费力;二、刻板太多,保存不方便;三、修改不方便,只要雕错了一个字,整块刻板几乎就废了。

现在,一种崭新的印刷方法出现了,这种方法名叫"活字印刷",是一个名叫毕昇的工人发明的。

活字印刷术,顾名思义,字是"活"的。毕昇在一块块胶泥上,雕刻出一个个反体方块字,然后用火烧硬,再按照一定的顺序,整整齐齐地摆放在木格子里。

随后,他把松香、蜡和纸灰混合起来,制成黏合剂,均匀地铺在一块铁板上。在印刷的时候,把一篇文章里需要的字挑出来,按照文章的内容,在铁板上排列整齐,用火把黏合剂加热,这样方块字就粘在铁板上,不容易滑动,再用平板把版面压平。等黏合剂稍稍冷却的时候,就可以开始印刷了。

等到印刷完成后,再加热铁板,把一个个方块字取下来,下次再用。

就这样,方便、灵活、实用的活字印刷术诞生了!

柳三变奉旨填词

著名词人柳三变在家里排行第七,因此又被称为"柳七"。

柳三变的父亲是南唐降臣,于是,柳三变也想像父亲一样,考取功名,做个大官。谁知他一连考了好几次,都名落孙山。

柳三变很郁闷,写了一首发牢骚的词《鹤冲天》,里面有一句:"忍把浮名,换了浅斟低唱。"意思是,我不要那些浮名了,我要回去过喝酒、唱歌、作词的生活。

不知怎么,这首词传到了宋仁宗的耳朵里。仁宗把柳三变这个名字记住了。

几年后,柳三变再次参加科举考试,这次终于考上了。

仁宗觉得"柳三变"这个名字有点儿眼熟,就问身边的太监:"这个柳三变是谁呀?"

太监回答说:"皇上,柳三变可是个了不起的词人呀!连西夏国的人都说,只要是有人居住、有井水的地方,就有人唱柳三变的词。"

仁宗一下子就想起来了:"原来是他呀!他不是要浅斟低唱吗,还要浮名做什么?"说完,大笔一勾,把柳三变的名字划掉了。

柳三变深受打击。他知道自己从此以后就别想做官了,于是在民间到处游走,写了很多反映百姓生活的词,还美其名曰"奉旨填词"。

刘太后差点儿成了武则天

宋仁宗登基的时候才12岁,不能独自处理国家大事,因此,他的母亲刘太后就垂帘听政。刚开始,刘太后想效仿武则天,自己当女皇。

有一次,她问一个叫鲁宗道的大臣:"唐朝的武则天怎么样啊?"

鲁宗道说:"武则天是唐朝的罪人,她差点儿颠覆了唐朝的江山。"

刘太后一听就明白了,于是打消了做女皇的念头。

有个大臣想讨好刘太后,叫人画了一幅《则天皇帝临朝图》,屁颠屁颠地拿去送给太后。

刘太后见了,不仅不高兴,还生气地把图丢到地上,呵斥道:"你想让我成为大宋的罪人吗?我绝不会做对不起祖宗的事!"

还有一次,一个漕运使从外面考察回来,送了很多珍贵的礼品给太后,还说:"太后英明,现在各个府库里的粮食多得都装不下了,我想请求拨一千斛粮食给太后。"

太后一点儿也不领情,说:"你以为像鲁宗道这样的重臣,是靠谄媚得到提拔的吗?"一句话将那个漕运使羞得满脸通红。

每次她在宫里宴请娘家人,都吩咐宫人把金银餐具撤掉,换上普通的餐具,以免娘家人效仿,太过奢侈。

虽然太后一直到临死前,都牢牢地掌握着朝廷的权力,但是她始终克制心中的欲望,没有再想过取代赵家的江山。可以说,之后的仁宗盛治也有她的一半功劳。

名人有约

大嘴记者

特约嘉宾：
赵祯

身份：宋仁宗

大：大嘴记者　**赵**：赵祯

大：皇上，您好！您能接受我们的采访，我们感到非常荣幸！这年头，像您这样好脾气的皇帝还真不多。

赵：过奖，过奖！

大：听说大臣夏竦（sǒng）死后，您最初打算赐他一个谥号"文正"？

赵：是啊，夏竦才华横溢，文武兼备，为大宋立下了许多功劳。他过世后，我原本打算赐他谥号"文正"，谁知负责考核的大臣刘原父说，给谥号是他们主管的事情，我不用插手。再说，夏竦，嗯，其实他在品行、处事方面也有些过分，所以朕把他的谥号改成了"文庄"。

大：刘原父他们这样顶撞您，您不会生气吗？

赵：生什么气呀？大臣尽忠职守，认真负责，我高兴还来不及呢！

大：我还听说一件事，说是包拯向您进谏的时候，常常冒犯您，有时候口水都喷到您脸上去了……您也不生气吗？

赵：呵呵，我就当洗了个脸吧。

大：我算是长见识了。大嘴采访了那么多皇帝，还真没一个像您这样包容的。

赵：不过，我偶尔也会发脾气的。

名人有约

大：啊？此话怎讲？

赵：有一次下朝后，我回到内宫把梳头的太监叫来给我梳头。他见我怀里揣着奏折，就问里面写的什么。我告诉他，是谏官劝我削减宫里的侍从呢。他听了很不高兴，说皇帝的侍从本来就少，谏官却还建议削减，实在太过分了。

大：那后来呢？

赵：谏官的意见是对的，我决定采纳。可我那个梳头太监却跟我"闹脾气"，说如果我一定要削减侍从的话，那就第一个把他削了。

大：然后，您就把他削了？

赵：对呀。这种人不能留在身边，否则后患无穷啊！

大：皇上，我斗胆问您一个私人问题，您可千万……别生气啊！

赵：说吧。

大：狸猫换太子这回事，到底是不是真的？（据说真宗时期，刘妃和李妃同时怀孕，谁要是先生下皇子，谁就有可能当皇后。结果李妃先生了个男孩，刘妃心狠手辣，用一只剥了皮的狸猫，把太子换走了。真宗大怒之下，把李妃打进冷宫。后来经过重重磨难，太子又回到皇宫，当上了皇帝，他就是宋仁宗。）

赵：什么狸猫？什么太子？记者你在说什么？

大（喃喃自语）：哦，我明白了，原来狸猫换太子是后人瞎编的。（正色）没什么，皇上，您就当我没问好了。今天的采访就到这里了，再见！

广告铺

欢迎来岳阳楼旅游

你读过范仲淹的《岳阳楼记》吗？你为文中的那句"先天下之忧而忧，后天下之乐而乐"而感动吗？你想亲自见识一下岳阳楼的美景吗？请快快跟我们联系吧！

岳阳楼旅游区

严格考察劝农使

按照大宋的规矩，各个州府的地方官都兼任劝农使，可很多官员玩忽职守，不把劝农当回事。从今天起，转运使要严格地考察劝农使的成绩，成绩不好的，立刻贬官或撤职！

大宋皇帝赵祯

欢迎寒门学子为朝廷效力

自从朕登基以来，一共举行了13次科举考试。其中12次的状元都出自平民之家。朕对这种现象感到很满意，这说明考试是公平的！希望天下的寒门学子再接再厉，争取早日为朝廷效力！

大宋皇帝赵祯

93

第 6 期

〖公元 1063 年—公元 1100 年〗

王安石变法

穿越必读 ▶

庆历新政失败后，北宋"积贫积弱"的现象更严重了。于是又一场变法——"王安石变法"轰轰烈烈地展开了。这场变法以富国强兵为目的，维持了16年，并取得了一定的成果。

新的变法即将开始
——来自京城的加密快报

公元1063年，宋仁宗驾崩，宋英宗继位。可是英宗只做了四年皇帝，就不幸病逝了。继承皇位的是他的长子赵顼（xū），谥号宋神宗。

这年，宋神宗才20岁，他年纪虽轻，却胸怀大志。当他看到国家内忧外患，百姓生活贫苦，决定像仁宗一样进行一场变革，改变这种状况。

可自从上次范仲淹的变法失败后，人们谈之色变，谁还愿意帮他呢？

举目一望，看看周围的大臣不是守旧顽固，就是不思进取，即使是富弼这样曾经锐意进取、全力支持庆历新政的大臣，如今也变得暮气沉沉了。

来自京城的加密快报！

神宗想来想去，想到了一个人——王安石。虽然没有见过王安石，但神宗身边一个叫韩维的大臣，经常在他耳边说王安石如何聪明，如何能干。久而久之，神宗也对这个王安石产生了好感。

这时候，王安石正在江宁担任地方官员。神宗一道旨意，把他调回了京城，准备进行变法。这次变法又会带来什么样的结果呢？请大家拭目以待。

王安石变法

> 我要变法。

王安石的确是一位很有才干的官员,他时时刻刻都在关注着百姓疾苦。早在仁宗时期,他就上过一道万言书,陈述了国家目前存在的许多问题。可惜当时,仁宗刚刚废除新政,没有心思再进行改革。

神宗将王安石召到京城后,打算先试试他的本事。神宗问道:"如果要治理国家,应该从哪里开始呢?"

王安石从容不迫地回答:"先从法制入手。要改革旧的法制,建立新法。"

神宗觉得有道理,就让他先写个详细的改革意见。这事当然难不倒王安石。他琢磨改革好些年了,早就成竹在胸。第二天一早,他就把写好的意见交给了宋神宗。

宋神宗仔细阅读后,非常满意。公元1069年,王安石被提升为副丞相。在宋神宗的批准下,他选拔了一批年轻的官员,成立了一个专门制定新法的机构,大刀阔斧地进行改革。

同年,王安石本着"天下钱为天下用"的原则,分别就吏治、赋税、水利、军队和科举五个方面进行改革,主要内容如下:

一、青苗法。鼓励百姓向国家借贷。

二、农田水利法。兴修水利,开垦荒地。

三、免役法。百姓不用自己服役,改由朝廷雇人服役。而百姓则按照贫富等级,缴纳一定的免役钱,原来不用服役的官僚、地主也同等对待。

四、方田均税法。由朝廷丈量土地,核实土地数量,按土地多少、肥瘠来收税,这样可以防止大地主、大贵族兼并土地,隐瞒田产、人口。

五、保甲法。官府把农民按住户组织起来,十家为一保,五十家为一大保,十大保为一都保。后改为五家为一保,五保为一大保,十大保为一都保。家里有两个以上成年男子的,抽一个当保丁,农闲时练兵,战时则编入军队打仗。

此外,还有市易法、均输法、裁兵法、将兵法等。

新法推行后,在一定程度上缓和了社会矛盾,增加了国家收入,巩固了朝廷统治,促进了农业生产,全国光兴修水利就多达一万多处。

天下风云

王安石愤然辞职

不要变法!

变法虽然给国家带来了好处,可也"损害"了官僚地主们的利益。

这些人整天吵吵嚷嚷,坚决反对王安石变法。甚至连太皇太后,也带头反对,哭着跟神宗说:"王安石这个乱臣贼子,就是要用新法把天下搞得大乱!"

这么一闹,神宗有些坐不住了,他把王安石找来,说:"现在大家都在讨论,说我们不怕上天发怒,不怕人们的舆论,不守祖宗的规矩,你怎么看?"

王安石回答:"只要皇上勤于政事,上天就不会发怒;人们的舆论不一定对,我们只要做自己认为对的事情就好;规矩是人定的,老祖宗的规矩为什么不能变?"

再变法,上天都要发怒了!

王安石天不怕地不怕,神宗却整天忧心忡忡。

公元1074年,河北一连十个月没下雨,发生了大旱灾,到处都是逃荒的饥民。有官员趁机给神宗献了一幅《流民图》,说这次旱灾就是变法引起的。

神宗看了《流民图》后,深深叹了口气,不知道

怎么办才好。这时,太皇太后和母亲高太后又跑到他面前,哭哭啼啼地说:"王安石把天下都搞乱了。"

这些人一个劲儿地阻挠变法,可把王安石气坏了。他见变法实行不下去了,就向神宗提出辞职。神宗批准了,让王安石回江宁府休息休息。

可是第二年,神宗还是觉得应该变法,又把王安石召回来,继续当宰相。没几个月,天上出现了扫把星(彗星)。有人趁机又在神宗面前进谗言,说扫把星一出现,就有灾难要降临,这都是王安石变法引来的。神宗听了又动摇了。

王安石争辩说,扫把星和变法没有关系,并希望神宗不要相信这些谣言。可神宗还是有些犹豫。

没有了皇帝的支持,王安石的很多主张都没办法贯彻。王安石非常气愤,再次辞掉了宰相的职位,回江宁府去了。

给司马光的一封回信

编辑老师：

　　你们好！本来我跟王安石是同僚，也是好朋友。可是因为这次变法的事情，我们闹翻了。

　　王安石的那些新法，几乎每一条都在侵犯其他官员的利益。他还到处惹是生非，搜刮财富。别人给他提意见，他也听不进去。

　　我实在看不下去了，就写了一封信责备他。他却振振有词，说他是奉皇帝的命令改革，不是侵犯别人的利益；是为国家办事，不是惹是生非；是为天下理财，不是搜刮财富，是驳斥错误的言论，不是拒绝别人的意见。

　　我看他满口歪理，真是气死我了！可当时他有皇帝撑腰，我能怎么样呢？所以我干脆辞掉官职，专心致志地写我的史书《资治通鉴》去了。

　　如今，一转眼就过了十几年。前不久皇上驾崩，新帝（宋哲宗）登基，高太后辅政。还好朝廷没有忘记我，把我召回来做宰相。这下，我终于可以废掉新法了！可却有很多官员站出来反对，我实在是想不通。

宰相司马光

司马大人：

　　您好！很抱歉，我们也站在王安石这边。虽然我们知道，不管我们说什么，都阻止不了您废除新法，但我们还是想说，新法的确对国家、对人民都有利。您老太守旧了，以致不能接受这样的改革，可是，旧的事物终将被新的事物代替，希望这个道理您能明白！

报社编辑

一张地图，令辽国不战而退

自北宋和辽国结下澶渊之盟后，两国有好几十年没有打仗了。可如今，辽国欺负北宋软弱，又想霸占北宋的土地。

公元1075年，辽国派大臣萧禧来到东京，商量划定边境的事，要求把黄嵬（wéi）山（今山西原平西南）以北划给辽国。

黄嵬山是一座很没有名气的小山，北宋大臣们从来没听说过。现在听到这种要求他们顿时乱作一团。

这时，宋神宗想到了精通地理的沈括，便命他前去谈判。沈括敏锐地发现，如果大宋同意他们的要求，就等于将大宋的领土减少了三十多里。

于是，在谈判的时候，他拿出了自己绘制的《天下郡守图》，向对方指出，根据澶渊之盟，黄嵬山是大宋的领土，不是辽国的领土。

萧禧对地图一窍不通，争论半天也没有结果，只好回国。

不久，宋神宗又派沈括出使辽国，在其都城上京继续讨论边界的问题。这次，沈括和辽国宰相杨益戒展开了一场舌战。

辽国提出各种要求刁难沈括，沈括再次拿出地图，向对方一一解说，态度不卑不亢。

最后，杨益戒恼羞成怒，说："你们大宋为了这么点儿土地，就要和我们辽国翻脸吗？"

沈括不卑不亢地回答："我看，是你们想背弃盟约吧。如果辽国和大宋真的开战，你们也捞不到什么好处！"

天下风云

接着，沈括又出示了一个木制的地形模型，杨益戒看了叹为观止："大宋竟有如此奇人！"

就这样，不费一兵一卒，沈括用智慧捍卫了大宋的尊严，令辽国不战而退。

从辽国回来的路上，沈括沿途记下了当地的地形，并把它们画成地图，献给宋神宗。

沈括兴趣广泛，不仅研究地理，还研究天文、数学、医学、物理、音乐、文学等，可以说是个全才。

到了晚年，沈括就住在梦溪园，把自己生平的研究成果记录下来，写成了一本巨著——《梦溪笔谈》。

这本书内容广泛，涉及天文、数学、物理、化学、地理、生物及冶金、机械、造纸等各个方面，记述了当时一些重大的科技成就，如指南针、活字印刷术、炼铜、炼钢和石油等。其中"石油"这个新颖的名字，就是该书第一次提出来的。

沈括真不愧是一位出色的外交家与科学家。

少年老成的小皇帝

赵煦（xù），即宋哲宗，即位的时候只有九岁。朝廷为神宗举行葬礼时，北方的辽国派遣使臣前来吊唁。辽国人身材比较魁梧，长相凶猛，而且穿着打扮也与汉人有很大的区别。

宰相蔡确担心年幼的哲宗见到辽国人会害怕，就絮絮叨叨地给他讲述辽国人的衣着礼仪等知识。

哲宗默默听了一会儿，忽然抬起头，一本正经地问道："那些辽国的使臣是人吗？"

蔡确愣了一下，不明白皇帝的意思，但还是点点头说："当然是人，不过他们是外族人，是野蛮人。"

哲宗说："既然是人，那我怕他干什么？"

蔡确大吃一惊，这才发现，哲宗虽然年幼，但是少年老成、言辞犀利。他先前小觑（qù）了这位九岁的皇帝，心里非常惶恐，赶紧退下了。

还有一次，大臣向哲宗和高太后奏报事情。期间，哲宗一句话也不说。

太后就问哲宗为什么不发表意见，哲宗回答："有您处理就好了，还要我说什么？"意思是，朝廷大事都由太后做主了，他这个皇帝只是个摆设而已。

苏东坡与《念奴娇·赤壁怀古》

苏轼是北宋的大文学家。王安石变法时，苏轼发现变法过于追求速度，导致百姓的生活不仅没有变好，反而越来越差，于是上书反对，结果遭到朝廷冷落，只好主动请求调到地方上做官。

苏轼先后担任了杭州、湖州等地方的刺史，为百姓做了很多好事，比如兴修水利、减轻赋税等。百姓们都非常拥戴他。

他在湖州的时候，因为看不惯当地的一些恶霸、酷吏，就写了很多诗讽刺他们。结果政敌故意扭曲诗意，说他诽谤皇帝，还把他抓进了大牢。这就是有名的"乌台诗案"。

之后，苏轼去黄州做了一个小官。由于官职小，薪水也低，苏轼穷得过不下去了，就在城东弄了块坡地，自耕自种，还给自己取了个别号叫"东坡居士"，所以大家又叫他苏东坡。

政治上失意，苏东坡就寄情于山水。有一次，他和几个朋友游赤壁，想起三国时期的赤壁大战，苏东坡感慨不已，就写了一首词《念奴娇·赤壁怀古》："大江东去，浪淘尽，千古风流人物……"

大家都说，这首词既描写了赤壁雄伟壮观的美景，又抒发了作者的洒脱之情，是一篇难得的传世佳作。

官场失意的苏轼，却给后人留下了这些如珠似玉的诗词，也算是他的一大收获吧。

胸有成竹的文与可

著名文学家晁（cháo）补之说了一句话："文与可画竹子，那是胸有成竹。"咦，这个文与可是谁？胸有成竹又是什么意思呢？

原来，文与可是一位有名的画家，他非常擅长画竹子。不管是烈日炎炎，还是刮风下雨，只要一有空，他就钻进竹林里，仔细观察竹子的形态、颜色，以及变化等。他一会儿用手量量每节竹子有多长，一会儿拿笔记一记竹叶有多密，忙得不亦乐乎。

有一次，外面一阵电闪雷鸣，突然下起瓢泼大雨，人们纷纷找地方躲雨，文与可却从家里跑出来，一路跑到竹林，细心观察暴雨中竹子的姿态。只见竹竿被风吹得左摇右晃，竹叶被雨打得连连弯腰，这些都被文与可记在了心里。

经过长时间的观察和积累，文与可已经很清楚地知道，在春、夏、秋、冬四季里，竹子会发生什么样的变化；在阳光的照耀和暴雨的洗刷下，竹子有什么不同；不同品种的竹子，又有什么不同……

所以，文与可每次画竹子都不用打草稿，因为他早已经在心里勾勒好了竹子的形象。这就难怪晁补之夸他是"胸有成竹"了。

一条鱼引起的误会

据说，苏轼因为"乌台诗案"被关进了大牢后，发生了一件非常有趣的事情。

苏轼是"重犯"，不能随意与人相见，也打听不到外面的消息。于是苏轼就和每天给自己送饭的大儿子苏迈暗中约好：如果暂时安全呢，就送蔬菜和肉食；如果有判处死刑的危险呢，就送鱼。

有一天，苏迈有事不能亲自去给父亲送饭，就拜托一个朋友帮忙，但是他忘记告诉朋友他和父亲之间的约定了。而恰好那一天，朋友给苏轼送了一条鱼。

苏轼一看到鱼，大吃一惊，他以为自己难逃一死，就慷慨悲壮地写了两首绝命诗给弟弟苏辙。苏辙收到哥哥的诗后，痛哭流涕，伤心不已。他不甘心哥哥就这么被处死了，赶紧向神宗求情，希望能用自己的官位换取哥哥的性命。

其实，神宗非常欣赏苏轼的才华，压根就没想杀死他。他只是想着苏轼是文坛领袖，要杀鸡吓猴，给那些反对变法的人一个警告。当神宗读到苏轼的这两首绝命诗时，既感动，又好笑，更被苏轼的才华折服，再加上一些大臣都为苏轼求情，连重病在床的太后都为苏轼说好话。神宗想了想，决定见好就收，对苏轼从轻处罚，把他贬到黄州做团练副使去了。

苏轼虚惊一场，终于被放出来了。

名人有约

身份：宰相

大：大嘴记者　　**司**：司马光

大：欢迎您来我们《名人有约》做客。听说您小时候就非常聪明，7岁的时候，就能读懂《左氏春秋》了？

司：略知一二。

大：您实在是太厉害了，我到现在还读不懂呢！还有您小时候"砸缸救人"的故事，能为我们详细说说吗？

司：呵呵，小时候的顽皮经历而已。当时，我和几个小伙伴在后院里玩，院子里有口大水缸。一个小伙伴爬到缸沿上玩，一不小心掉到缸里了。当时情况危急，眼看水要淹没他的头顶啦！我捡起一块石头，用力把缸砸破。水流出来，他就得救了。

大：哇，您小时候果然比一般人聪明。嗯，听说您呕心沥血编纂的史书《资治通鉴》已经完成了？

司：是啊，我们花费了整整19年的时间，终于完成了。

大：我们？还有其他人吗？

司：当然，单凭我一个人的力量，怎么能完成这么一部鸿篇巨制呢！刘攽（bān）、刘恕、范祖禹、司马康等，我们大家一起努力，查找资料，整理文献，最终才完成的。

大：这真是一个壮举啊！我想问问，您当初为什么决定要编纂这部史书呢？

司："以史为鉴，可以见兴替"嘛！历史可以告诉我们很多东西。

大：您可真有水平！能简单介绍一下这本《资治通鉴》吗？

司：当然，这是一部编年体史书……

大：不好意思，我打断一下，请问编年体史书是什么意思？

司：就是说，这本书是按时间顺序来写的。

大：哦，我明白了，您继续。

司：全书294卷，约300多万字，记载了从战国时期到五代十国共1362年，16个朝代的历史。《资治通鉴》的内容以政治、军事和民族关系为主，也包括了经济、文化和对相关历史人物的评价。

大：我听说，这本书最初名字叫《通志》，后来怎么改名了呢？

司：这名字是皇上改的。他认为这本书"鉴于往事，有资于治道"，所以题名叫《资治通鉴》。我也希望这本书能够通过一个个朝代的盛衰，来警示后人。

大：我相信会的。对了，我有一个消息要告诉您，前两天，王安石大人去世了。

司：唉……

大：你们曾经是好朋友，后来却因为政见不同而闹翻了。您能用一句话形容你们之间的关系吗？

司："道不同，不相为谋"吧。

大：嗯，好的，今天的采访就到这里，感谢司马大人的参与，再见！

广告铺

工人招聘启事

以前，我们都是引黄河水入汴河，但这容易导致汴河淤积。近日皇上下诏，从汴河河口往西开渠五十里，引伊洛水入汴河。汴河不再与黄河相连。为了尽早完成这一伟大工程，政府向全国广招民工，要求如下：

1. 男性，身强力壮，踏实能干，吃苦耐劳；

2. 懂水利者优先，熟悉当地地理条件者优先。

一旦录用，管吃管住，待遇优厚。有意愿者，请从速报名。

大宋工部

绸缎庄开张大吉

本绸缎庄刚开张，专门经营各种布匹、绸缎，产品种类繁多。有河北定州的缂（kè）丝，它用各种上好的丝线织成，上面的花鸟虫兽栩栩如生；有京东单州的薄缣（jiān），它像蝉翼一样薄，一样轻，远远看去，就像雾一样……

各位大姐大婶，大姑娘小媳妇，走过路过，千万不要错过！

美丽绸缎庄

一本了不起的百科全书

《梦溪笔谈》是我国著名科学家沈括的著作，全书一共26卷，书中除了沈括自己的研究发现外，还有许多其他科学家的创造发明，比如毕昇的造纸术。

总之，这是一本非常了不起的百科全书，好书不容错过，欢迎大家前来购买。

国子书坊

智者第❷关

1. 西夏的第一个皇帝是谁？
2. 仁宗时期，北宋和西夏一共打了几场大仗？
3. 1044年，北宋和西夏签订合约，史称什么？
4. 世界上最早使用的纸币叫什么？
5. 仁宗时期进行了一场改革，史称什么？
6. "关节不到，有阎罗包老。"里面的"包老"指的是谁？
7. 包拯真的是黑脸吗？额上真有一弯月亮的标记吗？
8. 活字印刷术是谁发明的？
9. "先天下之忧而忧，后天下之乐而乐。"这句话出自哪里？是谁说的？
10. 苏轼担任杭州知府时，为了疏浚西湖而修建的一座水利工程叫什么？
11. 王安石几次担任丞相？
12. 宋哲宗亲政后，是否恢复了王安石变法的内容？
13. "三苏"分别指谁？
14. 司马光最杰出的贡献是什么？
15. 《资治通鉴》是纪传体还是编年体？
16. 《梦溪笔谈》的作者是谁？

智者无敌　王者为大

第 7 期

〖公元 1100 年—公元 1125 年〗

金国崛起与北宋农民起义

穿越必读 ▶

公元1115年，女真族首领完颜阿骨打建立金国，并与北宋结盟攻打辽国。同时，北宋爆发了方腊起义、宋江起义。农民起义沉重地打击了北宋的统治。金国灭掉辽国后，又将矛头指向北宋。北宋对中国的统治，已经到了瓦解的边缘。

宋金交好，达成"海上之盟"
——来自东京的加密快报

公元1115年，大宋东北的女真族首领完颜阿骨打（史称金太祖）统一了女真族各个部落，建都会宁府，国号"金"。

金国建立后，阿骨打立刻把矛头指向了辽国，准备攻打辽国的东北重镇——黄龙镇。

辽天祚（zuò）帝派了二十万大军前去抵抗，却被打得落花流水，便想跟金国讲和。

谁知阿骨打坚决不答应，一定要天祚帝投降。

天祚帝气坏了，准备亲自跟金国大战一场。谁知这时，辽国发生内乱，金国趁机进攻，差点儿把天祚帝活捉回去。

来自东京的加密快报！

这时，大宋有人向宋徽宗建议：眼看辽国就要完蛋了，不如我们跟金国结盟，趁机收复燕云十六州。

徽宗一听拍手叫好，于是派人去和金人谈判。两国使者在海上立下盟约（即"海上之盟"）：宋金一起攻打辽国，大宋收复燕京辖区后，把向辽国进贡的银帛转送给金国。

遗憾的是，此处出现了一个小小的漏洞。本来，徽宗的意思是收回燕云十六州，但对方认为大宋要的只是燕京辖区，如果说话不算话，只有解约。

令人不解的是，大宋好像生怕金国解约似的，立刻就签了合约。其实，明眼人一眼就能看出来，此约一签，大宋就注定要失败了。

绝密档案

东方之鹰引起两国之争

女真族（满族的祖先）是一个以渔猎、畜牧为生的民族，生活在黑龙江和松花江一带。"女真"的意思是"东方之鹰"，而这个鹰就是指海东青——一种体型虽小，却很凶猛的鹰。

传说，十万只神鹰才出一只海东青。海东青不仅是女真人打猎时的好帮手，还是女真人的图腾。

然而，在11世纪，海东青给女真人带来了灾难——统治女真族的辽国贵族热衷打猎，逼女真人捕捉海东青进贡。

女真人几乎抓尽了境内的海东青，却仍然不能满足贪婪的辽国贵族，因此女真人对他们恨之入骨。

公元1111年，辽国收留了一个女真叛徒，但女真人因为害怕辽国，不敢索要。

第二年2月，趁着春光明媚，辽天祚帝亲自到东北春州（今吉林省）巡查。

按照当地的习俗，春季最早捉到的鱼，要供奉给祖先，并举办宴会，称"头鱼宴"。这年的头鱼宴由辽天祚帝主持，所有的附属部落都派了代表参加，阿骨打是女真族完颜部的代表。宴会上，阿骨打提出，要辽国交出叛徒。而辽天祚帝笑而不理。

宴会举行到高潮时，辽天祚帝下令："在座的各位，大家都来跳个舞助助兴吧！"

首领们很不情愿，可又不敢违抗命令，只好一个接一个地上去跳舞。

轮到阿骨打时，他一动不动，冷冷地看着辽天祚帝，说："我不会。"

辽天祚帝很生气，拔刀要杀阿骨打，旁边的大臣拦住了："皇上，您没必要跟这个粗人计较。再说，要是杀了他，其他首领会对我们不满的。"

从头鱼宴上回来后，阿骨打越想越气愤，决定领导女真人脱离辽人的统治。阿骨打的哥哥去世后，他接替了哥哥的位置，成了完颜部的首领。他日夜不停地训练军队。

在战争中，阿骨打连盔甲都不戴，一身短衣，就征服了所有的女真部落。

辽国觉察到阿骨打的"不轨"，调了几路兵马去东北威胁他。

阿骨打正苦苦思索着应付辽人的对策，他的侄儿完颜宗翰献计说："与其坐以待毙，不如我们先发制人。"

于是，阿骨打集中了2500人马，向辽人发动进攻。结果，辽人被打了个措手不及，狼狈不堪地逃跑了。不久，阿骨打就在会宁建立了金国。

"花石纲"引来的愤怒

就在北宋与金国联合起来对付辽国的时候,宋朝后院失火,国内爆发了大规模的农民起义。这是怎么回事呢?

原来,宋徽宗是个特别会享受的皇帝,他玩腻了珍奇宝玩,又开始迷恋各种奇花异石。童贯、蔡京等人为了讨好皇帝,千方百计寻找新奇的石头、树木。

为此,童贯还派朱勔(miǎn)在苏杭设立了一个"应奉局",专门为徽宗搜集这些东西。只要听说哪户人家有珍稀的花木,或是别致的石头,官差就立马闯进去,将一张黄封条往上面一贴,表示这就是皇帝的贡品啦。这户人家必须好好保管"贡品",要是有一点儿损坏,就给你安个"大不敬"的罪名,轻则罚款,重则坐牢。而有些花石太高太大,为了方便搬运,官差就推倒这户人家的房屋,拆毁他们的院墙。这时,官差还能趁机敲诈勒索,大发横财。

总之,只要是他们看上的石块,不管是大还是小,也不管是在高山上,还是在深水里,他们都要千方百计地取出来。

花石到手后,朱勔就将它们装上船,千里迢迢地运往东京。这些船只每十条组成一纲,从江南到开封,沿淮河、汴河而上,一路络绎不绝,称为"花石纲"。有时候花石太多,船只不够,他们就拦住商船,将船上的货物倒了,装上花石。

很多百姓被"花石纲"害得倾家荡产,甚至家破人亡。在这种状况下,农民起义自然而然就发生了。

方腊起义的全过程

睦州青溪（今浙江淳安）一带盛产奇花异石，所以这里的百姓是遭殃最多的。

当地有个人名叫方腊，家里有个漆园，朱勔的手下隔三差五就跑来勒索抢劫。久而久之，方腊恨透了这些官差。

公元1120年的一天，方腊把几个受苦受难的农民召集到家中，说："如果在一个家庭里，晚辈们日夜辛劳，好不容易才积攒了一点儿粮食，却被父兄们强行夺走；如果晚辈有一天伺候得不周到，就要挨打，你们说这样的父兄值得尊敬吗？"

大伙儿异口同声："不值得！"

"如果父兄不仅抢夺小辈的财物，还用这些财物去贿赂、讨好敌人，应该吗？"

"不应该！"

"现在，我们的国家就像这个家庭一样。"方腊流着眼泪说，"官府用沉重的赋税徭役压榨我们

天下风云

百姓,却年年向辽国、西夏进贡。这样的日子我们还要继续过下去吗?"

"不要!"大伙儿目光炯炯地望着方腊,大声说,"怎么办,你下命令吧!"

就这样,方腊扯起大旗,打着"杀朱勔"的口号,发动了起义。起义军头扎各色头巾作为标志,杀贪官,诛酷吏,烧毁他们的房屋,解救被欺压的百姓。没几天,起义军就发展到了几万人。

方腊起义的消息传到东京,宋徽宗吓得差点儿从龙椅上跌下来。他也顾不上攻打辽国了,赶紧命令童贯带领十五万大军去镇压。

童贯非常奸猾,他知道是"花石纲"惹来的祸患,于是下令解除"花石纲",罢免朱勔,以缓解百姓的愤怒。

杀贪官,救百姓!

趁起义军稍微松懈时,童贯下令让几路大军齐头并进,同时发动进攻。而在这紧要时刻,一个奸细出卖了起义军,导致方腊被捕,起义军也被打散了。之后,方腊被押解到东京,惨遭杀害。

在方腊起义的同时,北方的宋江也发动了农民起义。起义军与朝廷对抗了三年,最后接受了朝廷的招安。

虽然这两次起义都失败了,但这对北宋朝廷来说,不能不说是沉重的打击。

金人不肯归还燕京怎么办

编辑老师：

你们好，我镇压完方腊后，就领着十五万大军去配合金人攻打辽国了。当时，金人已经攻下了辽国的四座城池，还剩一个燕京，留给我们来打。

我原本以为燕京很好打，毕竟辽国的主力已经被金人消灭得差不多了。没想到，大宋一连吃了两个败仗，粮草和武器也都丢光了。

我实在没办法，只好向金人求救。金人果然厉害，一下子就把燕京打下来了。

可是，金人占领燕京后，竟然不肯将燕京还给我们。这可怎么办呀！皇帝那儿我可不好交代啊，请编辑们赶紧替我出个主意吧！

童贯

童贯：

说句实话，我们全体编辑对你都没什么好感。当然，我们不是歧视你宦官的身份。大家都知道，你很聪明，也很有本事，还是宋朝有史以来第一个宦官节度使。可是，你贪赃枉法，助纣为虐，简直就是国家的蠹（dù）虫！

宋朝的军队已经腐朽得不行了，这个你应该深有体会吧。如果你们这些大臣继续腐化下去，大宋离灭亡就不远了。

好了，言归正传吧，你问我们怎么要回燕京，只有两个办法，要么用武力抢回来（不过凭大宋的兵力是不太可能的），要么用钱财赎回来。你自己看着办吧。

报社编辑

（最后，童贯与金人达成协议：金国将燕京归还北宋，但是，北宋每年要将燕京的租税一百万贯钱献给金国。）

新闻广场

神奇的《清明上河图》

前不久,翰林书画院的张择端向宋徽宗进献了一幅巨大的画,这幅画有528.7厘米长,24.8厘米宽,画的是京城百姓的生活情景。

全画一共分为三段,首段描绘的是京城郊外的春光,有茅屋、小桥、流水,坐在轿子里的妇人,以及骑马、挑担的人等;中段描绘的是汴河码头的繁忙景象,有茶馆、饭铺、撑船的船夫,以及卸货的工人等;后段画的是热闹的市区,有密密麻麻的房屋、酒肆,来往的各色行人等。

有人数了一下,这幅画里光各种人就有五六百个,牛、驴、马、骡子等牲畜也有五六十头,各种马车、轿子、推车什么的有二十多辆,大大小小的船只有二十多艘,还有房屋、桥梁、树木、水流等,真是数不胜数!更神奇的是,画中每个人的穿着打扮都不同,神态各异,非常逼真、生动。

据说,徽宗看到这幅画后,赞赏不已,立刻亲笔题名《清明上河图》,然后小心翼翼地把它收藏起来了。

大家对这幅画交口称赞的同时,也有人提出异议,如今大宋内忧外患,张择端却画这么一幅画来粉饰太平,是不是太不应该了?

喜爱砚石的米芾

说起书画家米芾（fú），人们首先想到的是他的一个嗜好——喜爱砚石。要说他对砚石痴迷到了什么程度，听听下面两个故事你就知道了。

一次，宋徽宗听说米芾的书法好，就召他进宫，要他写《周言篇》。米芾拿起毛笔，饱蘸墨汁，大笔一挥，转眼就写了一篇龙飞凤舞的文章。徽宗见了赞叹不已。

徽宗看上了米芾的字，米芾却看上了徽宗的砚。

趁徽宗正高兴，米芾赶紧说道："皇上，您的墨砚已经被我用过了，不如把它送给我吧。"

小小一个墨砚，徽宗当然不会放在心上，于是点点头。这下可把米芾乐坏了，他不顾砚上还有墨汁，抓起来就往袖子里放。结果，墨汁浸透了他的袖子，好好的一件衣服，被染得墨黑一片。

米芾可管不了这么多，手舞足蹈地拜谢徽宗。徽宗见了他这副模样，哈哈大笑。

还有一次，米芾得到了一块珍贵的砚石，他拿在手里看了又看，爱不释手，心想：这么好的砚石，得叫朋友一起来观赏才行。于是，他叫来好朋友曾祖，在曾祖面前把砚石大大夸耀了一番。

谁知曾祖一点儿也不配合，淡淡地说："你这块砚石是真是假还不知道呢。"

米芾一听急了，说："当然是真的，不信你自己来鉴定。"

八卦驿站

曾祖知道米芾视这块砚石为宝贝，就先去把手洗干净了。米芾看了很满意，觉得朋友真理解自己。

曾祖拿起砚石仔细一看，点点头说："嗯，果然是珍品，只是不知道发墨怎么样。"

米芾听了，正打算让人拿水来试，谁知曾祖一时性急，拿唾沫当水，呸的一声吐在砚石上。

米芾顿时傻眼了，回过神后，指着曾祖的鼻子破口大骂："好你个曾祖，我看你刚才洗手，还觉得你理解我。哪知你这么放肆，竟然朝砚上吐口水！"

曾祖也傻眼了，赶紧拿衣袖把砚石擦得干干净净，并小心翼翼地还给米芾。米芾却一副嫌弃的表情："这块砚石已经被你弄脏了，我不要了！"曾祖没办法，只好把砚石带回家去了。一段时间后，他估摸着米芾消气了，又把砚石送回来，谁知米芾坚决不要，弄得曾祖尴尬不已。

啊！我给你擦干净。不要生气！

可恶，你怎么可以在上面吐口水？

踢球踢出来的"太尉"

开封府来了一位新太尉,名叫高俅。可高俅既不是科举出身,也不是名门之后,他是怎么登上"太尉"这一武官最高官职的呢?

原来,高俅原本是大文学家苏轼身边的一个小秘书。由于他为人乖巧,善于经营,跟在苏轼身边耳濡目染,竟然也学到了几分文墨。

苏轼看他有了些才华,就把他推荐给曾布,却被曾布回绝了。苏轼也不生气,接着又把高俅推荐给了小王都太尉王诜(shēn)。

王诜娶了神宗的妹妹为妻,是驸马,和端王赵佶(jí)关系十分密切。

一天,端王上朝时忘记带篦子刀了,就向王诜借了一把,把鬓角修理了一下。用完后,端王把篦子刀归还,笑呵呵地说:"你这把刀倒是挺别致的。"

王诜一听这话,立刻说:"这东西我做了两个,还有一个没用。既然您喜欢,我稍后就派人给您送过去。"

派去给端王送篦子刀的人,就是高俅。当时,端王正在园子里踢球。高俅便静静地站在旁边,看着看着,脸上露出不以为然的表情。

端王踢得正高兴呢,回头一看身边小厮的表情,问:"你也会踢球吗?"

八卦驿站

高俅年轻气盛，大声回答："会！"

端王就对高俅说："那就让我看看你的球技吧！"

高俅使出浑身解数，把球踢得是花样百出，就像长在他身上一样。

端王连连称赞，当场就派人给王诜传话："谢谢你送的篦子刀，连同送来的人我也一起收下了！"

没多久，宋哲宗病逝，端王赵佶（史称宋徽宗）意外地当上了皇帝。而高俅也摇身一变，成为皇帝身边的大红人，后来步步高升，成了北宋的太尉。

名人有约

身份：宋徽宗

大：大嘴记者　　**赵**：赵佶

大：皇上，欢迎您来我们《名人有约》做客。说实话，从看到您的第一眼，我就觉得您和南唐后主李煜（yù）挺像的（连结局都差不多）。

赵：咦，你说什么！怎么能把我和那个亡国之君相比较呢！

大：哦，我是说您的才华！李煜是一位文采风流的文学家，而您也是一位了不起的艺术家。

赵（立刻转怒为喜）：啊，这个嘛……

大：大家都知道，您非常擅长书法和绘画。

赵：呵呵，还好。我最近在薛曜（yào）、褚（chǔ）遂良书法的基础上，自创了一种"瘦金体"，你要不要看一看？我随身带着的。

大（看了看）：不错不错，字体瘦直挺拔，非常飘逸。您能跟我们谈谈您对绘画的看法吗？

赵：嗯，我自己擅长花鸟画。我觉得，黄派的花鸟画非常精致，但气韵不够好；徐派的呢，气韵极佳，但不够精细，所以我要把这两派的优点融合起来，取其精髓，去其糟粕，这样才能画出更美妙的画……（一说起艺术来，就没完没了）。

名人有约

大：皇上，听说您还成立了一个翰林书画院，把绘画当作科举考试的一项内容了。

赵：那当然，画家也是朝廷需要的人才嘛。

大：那朝廷一般会出一些什么样的考题呢？

赵：一般都是以诗词为题目，比如"山中藏古寺""踏花归去马蹄香"，等等。啊，说起这两个考题，你知道那两个状元是怎么画的吗？"山中藏古寺"那个，一间房屋都没画，只画了一个和尚在溪边挑水；"踏花归去马蹄香"那个，一朵花都没画，只画了一个人骑马，马蹄间有许多蝴蝶围绕……（再次没完没了）。

大：听说您还写了很多绘画理论方面的文章，对吗？

赵：对，像"孔雀登高时，一定先抬左腿"这些理论，就是我提出来的。

大：哇，您真是观察入微啊！对了皇上，说了这么多艺术方面的事，我还想知道您对金人有什么看法，您不担心他们会来攻打大宋吗？

赵：哈哈，你别开玩笑了，金国是我们的盟友，怎么会来打我们呢？

大：可是……

赵：好了好了，我要去看望美人李师师了，记者你请便吧。

大：……

127

皇帝生日的更改通知

朕的生日原本是五月五日，可是这一天不吉利，因此朕将生日改为十月十日。从今天起，十月十日就是大宋的天宁节，特此昭告天下！

赵佶

禁止屠狗

因为朕属狗，所以从今天起，京城一律不许杀狗，谁敢违反，必定严惩不贷！

赵佶

关于科举考试的通知

为招揽天下画家，今特将"画学"正式纳入科举考试中。本朝"画学"分为佛道、人物、山水、鸟兽、花竹、屋木六科，用古人的诗句作为考题。考取后，按身份分为"士流"和"杂流"，分别居住在不同的地方，加以培养，并不断进行考核。特别优秀者，可进入翰林书画院，待遇优厚。欢迎考生积极报考。

大宋礼部

第 8 期

〖公元1125年—公元1127年〗

靖康之难

北宋靖康年间，金军攻破东京，将城中洗劫一空，还掳走了徽宗、钦宗两位皇帝，以及后妃、皇亲国戚、文武大臣、能工巧匠等十多万人。这次事件被称为"靖康之难"，这场悲剧既是北宋前所未有的耻辱，也是北宋灭亡的标志。

穿越必读

烽火快报

金国进攻北宋，徽宗退位
——来自东京的加密快报

来自东京的加密快报！

公元1125年，金太宗完颜晟（shèng）灭掉辽国后，以宋朝收留辽国逃将为借口，向北宋发动攻击。

金人兵分两路，西路由完颜宗翰率领，攻打太原；东路由完颜宗望率领，攻打燕京。两路人马约好在东京会师。

消息传到北宋朝廷后，满朝文武大臣都吓坏了，不知道怎么办才好，只有太常少卿李纲坚决主张抵抗金兵。

没多久，金兵就攻下燕京，直逼东京。

宋徽宗急坏了，眼泪汪汪地拉着一个大臣的手说："唉，没想到金人竟然这样对我……"谁知一口气没上来，就晕了过去。

太医又是揉搓又是灌药，总算把徽宗弄醒了。徽宗醒过来的第一件事，就是把皇位传给太子赵桓（huán），自己做了太上皇，逃到亳州（今安徽亳州）去了。

李纲守东京

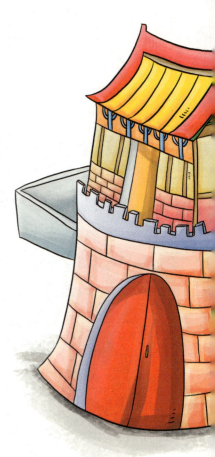

宋钦宗赵桓登基后,把李纲提拔为兵部侍郎,准备抵抗金兵。可面对乱糟糟的局面,钦宗也不知该怎么办才好。在宰相白时中、李邦彦的撺掇下,他也想逃命算了。

李纲知道后,急匆匆地跑进皇宫,对钦宗说:"太上皇将皇位传给陛下,就是希望陛下守住京城。在这关键时刻,陛下怎么能走呢?"

一旁的白时中却说:"金兵声势浩大,我们哪守得住?"

李纲愤怒地说:"怎么守不住?天底下还有比京城更坚固的城池吗?"

钦宗还是不放心,让李纲去视察城池。李纲出去转了一圈,回来后说:"我已经看了,城楼又高又坚固,只是护城河有些浅。只要安排精兵把守,一定能守住。等援兵一来,我们就发动反攻。"

钦宗问:"那派谁来守呢?"

李纲看了白时中和李邦彦一眼,说:"平时国家用丰厚的俸禄供养官员,就是让他们在危难时刻为国家出力。我看两位宰相守城是最合适不过了。"

天下风云

白时中和李邦彦又急又气:"那你李纲怎么不去守?"

李纲对钦宗说:"只要陛下不嫌弃,我愿意担当这个重任!"

于是,钦宗便派李纲去守城。可是李纲一走,白时中等人又鼓动钦宗逃跑。第二天,李纲来上朝时发现,钦宗连车马和禁卫军都准备好了。

李纲肺都要气炸了,冲禁卫军喊道:"你们到底是想逃跑,还是守卫京城?"

"我们愿意守卫京城!"禁卫军异口同声地回答。

于是李纲去面见钦宗,说:"禁卫军的家人都在京城。如果皇上一定要走,半路禁卫军要是跑了,那谁来保护皇上?"

钦宗一听逃跑也不安全,这才打消了逃命的念头。

稳住皇帝后,李纲就在城池周围部署开了。没几天,完颜宗望领着金兵来到东京城下。金兵准备了几十条火船,向宣泽门进攻。李纲让两千个敢死队士兵手拿长钩,钩住金兵的船,又派士兵向船上砸石头。没一会儿,火船就全被砸沉了。

完颜宗望攻了一阵子,发现攻不下来,于是派人告诉钦宗,说愿意讲和。钦宗正求之不得呢,立刻派人去金营谈判了。

李纲被撤职，太学生请愿

编辑老师：

　　你们好！我是大宋的太学生陈东。前不久，大宋和金国讲和，可金人的条件欺人太甚，不仅要我们赔偿大量的金银、牛马和绸缎，割让太原、中山、河间三镇，还要皇上称他们的皇帝为伯父，派亲王和宰相去金国当人质！

　　更令人气愤的是，皇上竟然全都答应了。不过还好，兵部侍郎李纲和援军大将种师道、姚平仲坚决主张抗金。只可惜，姚平仲冒冒失失地去偷袭金营，结果中了金兵的埋伏。

　　这下被那些投降派抓住把柄了，他们在皇上面前造谣，说援军已经全军覆没。皇上一怒之下，把李纲和种师道撤职了。

　　眼看皇上被奸臣蒙蔽，我们这些太学生怎么能坐视不管？于是，我们决定组织起来，明天就到皇宫去请愿，请皇上恢复李纲和种师道的官职，惩办白时中、李邦彦这些奸臣。

　　如果我们遭到什么不幸，请编辑老师把这封信昭告天下，发动天下百姓一起请愿！我们决不能当亡国奴！

陈东

陈东：

　　你好！你放心，不管结果怎样，我们都会把这封信公布出来。话不多说，希望你们能顾及好自己的安全。祝你们请愿成功！

报社编辑

　　（在太学生的坚持下，钦宗恢复了李纲和种师道的官职。宋军士气高涨，金兵见此情形非常害怕，没等北宋交足赔款就跑了。）

"六甲神兵"能打退金兵吗

金兵退走以后,宋钦宗和一批大臣以为安全了,都松了口气,准备继续过花天酒地的日子。只有李纲认为金兵狼子野心,随时会卷土重来。他再三提醒宋钦宗,要加强戒备。久而久之,宋钦宗觉得李纲啰唆,就找个借口把李纲赶出了东京。

消息很快传到金人耳朵里,金人喜出望外,立刻派遣大军再次进攻东京。

各路宋军立刻带领军队前来援救,谁知宋钦宗一心准备割地求和,竟命令各路大军退回原地。

没多久,金兵打到东京城下。留守的三万宋兵大败,一大半都逃跑了。而各路宋军因为皇帝的命令,都原地待命,不敢前去援救。

宋钦宗急得团团转。这时,一个名叫郭京的士兵自告奋勇地说:"陛下不用着急,我有办法解除京城的危机。"

宋钦宗眼前一亮,赶紧追问:"你有何妙计?"

郭京胸有成竹地说:"小时候,我曾跟随一个道士学过一个'神术',名叫'六甲法',只要召集7777个'六甲神兵',定能大败金兵,活捉金将!"

宋钦宗像抓到了救命的稻草,叫郭京赶紧去办。郭京招募"六甲神兵"的方法非常奇怪,既不看年龄,也不看身体状况,只要"生辰八字"符合就行。结果,他招来的那些"六甲神兵",不是市井流氓,就是老弱病残。

这时,金兵进攻的战鼓又响起来了,郭京装模作样地摆弄了一会儿,便率领他的"六甲神兵"上阵了。其实,郭京压根儿就是个大骗子,他根本不会什么法术。"六甲神兵"一上阵,立刻就被金兵打得溃不成军。

没多久,金兵就占领了东京外城。

靖康之难，两个皇帝做俘虏

东京的百姓不愿意做亡国奴，纷纷加入了军队。他们团结一致，决定和金人抗战到底。金兵不敢贸然进攻，要求宋钦宗亲自到金营议和。

宋钦宗走投无路，只好乖乖捧着求和书来到金营。

金兵将领完颜宗翰狮子大开口，说："议和可以，把河东、河北的土地全部割让给我们金国，还要向我们献金1000万锭，银2000万锭，绢帛1000万匹。"

宋钦宗被逼无奈，一一答应了金兵的要求。为了满足金人的条件，宋钦宗一回到城里，就大肆搜刮百姓财产。一时间，整个东京人心惶惶，鸡飞狗跳。

公元1127年正月，金兵找了个借口，又勒令宋钦宗到金营"议和"，并趁机把他扣押起来，说要交足了金银才放人。

宋钦宗只好下诏，增派士兵对王公大臣、地主，甚至对道士、和尚进行彻底查抄、搜刮。

这场赤裸裸的掠夺前后进行了二十多天，大量的金银珠宝、珍贵的古玩古物，甚至皇帝的玉玺等都被一抢而空。

同年四月，金兵押着宋徽宗、宋钦宗，以及数以千计的王公大臣、贵族后妃，满载着财物，扬长而去。

这场悲剧发生在靖康二年，因此被称为"靖康之难"。"靖康之难"不仅是北宋的巨大耻辱，也宣告统治了中国167年的北宋就此灭亡。

百姓茶馆

儒生老刘：亡国了亡国了，今天我大宋亡在金人手里了，谁能告诉我这是为什么啊？

卢道士：唉，皇帝昏庸，奸臣当道，不亡国才怪！最令人寒心的是，金人在京城大肆抢掠的时候，大宋的一些官员不但不阻止，竟然还助纣为虐！

胭脂店黄老板：对，最典型的就是那个吏部尚书王时雍了。听说，他抢了好多妇女献给金人，别人都叫他"金人外公"。

当铺赵老板：还有开封府尹徐秉哲，他为了讨好金人，把那些蓬头垢面的女子打扮一番后，一车一车地往金营送，这人的良心是不是被狗吃了！！！

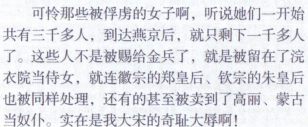
李大侠：可怜那些被俘虏的女子啊，听说她们一开始共有三千多人，到达燕京后，就只剩下一千多人了。这些人不是被赐给金兵了，就是被留在了浣衣院当侍女，就连徽宗的郑皇后、钦宗的朱皇后也被同样处理，还有的甚至被卖到了高丽、蒙古当奴仆。实在是我大宋的奇耻大辱啊！

勤王还是不勤王

"靖康之难"中，北宋的皇子们都被金人掳去了，只剩一个康王赵构（徽宗的第九子）。有人感到奇怪，为什么康王能逃脱这一劫？难道是徽宗特别钟爱他，故意把他藏起来了？

非也非也，其实，老爸徽宗一点儿也不喜欢赵构，哥哥钦宗也不喜欢赵构。所以当初金人向北宋要人质的时候，赵构第一个被送去了。

赵构气宇轩昂，武功也不错。金人一看，觉得这个人不好对付，万一来个越狱或者造反什么的，那不是给自己找麻烦吗？

于是金人把赵构放回去了，要北宋把徽宗最喜欢的儿子郓（yùn）王赵楷送过来。

金军第二次围攻东京时，赵构主动请求去金营议和。可他走到半路上，却被人拦了下来，说他去金营是羊入虎口，太危险了。

于是，赵构就留下来，以天下兵马大元帅的身份招兵买马，准备勤王（即救援皇上）。

赵构兵马倒是招了不少，可直到东京沦陷，也没见他去勤王。

如今，金兵把所有的皇家子弟都抓走了，只剩一个赵构。也就是说，他成了宋朝唯一的继承人。当初赵构招兵买马，究竟是为了勤王，还是有其他目的？百姓们议论纷纷。

名人有约

特约嘉宾：**赵桓**

身份：宋钦宗

大：大嘴记者　**赵**：赵桓

大：皇上，这囚车还坐得惯吗？

赵：记者，你这不是在挖苦我吗？唉，虎落平阳被犬欺啊……

大：别，别，我可没那个意思。皇上，这段日子您肯定过得很苦吧？

赵：是啊，从我去金营议和的那一天，噩梦就开始了。金人让我亲自去议和，其实就是个圈套。

大：啊，此话怎讲？

赵：他们是想趁机羞辱我。我到了金营后，他们的统帅故意不出来见我，只派人向我要投降表。我把投降表递上去，他们却不满意，说必须要用四六对偶句来写。

大（气愤）：这不是无理取闹吗？

赵：就是呀。可我也没办法，就让大臣改了四遍，金人才满意。

大：后来呢？

赵：金人接受了投降表后，又要我把太上皇也叫过来。这实在是太……我只好苦苦哀求他们，他们才肯作罢。

大（两眼冒火）：真可恶！

赵：唉，接下来就举行投降仪式。我和大臣们都得面朝北，用臣子的礼节拜见他们的皇帝。我们一边哭一边拜……

大：皇上，早知今日，何必当初啊！

赵：唉，到了这个地步，后悔也晚啦！我回去后，怎么也凑不齐金人要的钱财，所以没几天，他们又叫我到金营去一趟。想起上次受的屈辱，我是真不想去，可是不去不行啊！

大：那这次他们是怎么对待您的呢？

赵：他们的大将宗翰和宗望理都不理我，只把我安排在西厢房里，说是招待，其实就是囚禁。房门被铁锁锁着，门外还有金军把守。房间里只有一个土炕，每天晚上，从窗户吹来阵阵刺骨的寒风，冻得我睡不着觉。

大：皇上，您长这么大，都没受过这种苦吧？

赵：是呀。大臣们多次请求金人放我回去，可金人就跟没听到一样。有一天，金人邀请我去看球赛，我趁他们高兴，就哀求他们放我回去，结果被宗翰训了一顿。后来，我就不敢再提回去的事了。

大：……

赵：金人说，钱要是一天凑不齐，就一天不放我走。

大：……

赵：后来，钱还是凑不齐，金人就把太上皇也弄过来了。再后来，他们把我和太上皇、皇后、嫔妃、亲王、驸马、公主都当作他们的战利品，打算一起运到金国去。

大（咬牙切齿）：皇上，您多保重。这个仇我们一定会报的！再见！

广告铺

沉痛悼念梅大人

金人以太上皇和皇上为人质，向大宋索取巨额财物。户部尚书梅执礼大人认为百姓空虚，无从征集，拒不缴纳。梅大人因此惨遭杀害。让我们一起来悼念这个为百姓着想的好官吧！

全体京城百姓

金太宗的诏书

从今天（1127年3月20日）起，朕废宋徽宗赵佶、宋钦宗赵桓为庶人，另立原宋朝宰相张邦昌为帝，国号"楚"，特此昭告天下。

完颜晟（shèng）

请求书

朱皇后（钦宗的皇后）性情刚烈，在受降仪式结束后上吊自杀，未遂，被救活后又投水自尽。这种以死抗争的精神，我们金人很是佩服，希望皇上能给她一个封号。

金国群臣

第 9 期

〖公元 1127 年—公元 1139 年〗

龟缩在角落里的王朝

北宋灭亡后，宋徽宗的第九子赵构（即宋高宗）在南方重建宋朝，史称南宋。宋高宗不思收复河山，面对金人的进攻，只知道一味南逃，苟且偷安。

穿越必读

烽火快报

宗泽出任开封知府
——来自南京的加密快报

公元1127年，康王赵构在南京即位（史称南宋）。在广大群众的要求下，高宗赵构把李纲召到京城做了宰相。

李纲对高宗说："要收回东京，一定要用宗泽。"这个宗泽是谁？李纲为什么这么重视他呢？

原来，宗泽是一位著名的抗金将领，有过接连13次击退金兵的辉煌战绩。有一次，宗泽率领的宋军被金军包围了。面对比自己多十倍的敌人，宗泽面不改色，鼓励将士说："今天进也是死，退也是死，我们就从死里杀出一条生路来！"宋军军心大振，果然杀出了一条生路。

来自南京的加密快报！

北宋灭亡之前，宋钦宗曾经派他去和金人议和。宗泽却跟别人说："我这次去，就没打算活着回来。如果金人退兵，那是最好不过了；如果不退，就算掉脑袋，我也不能让国家蒙受耻辱。"

钦宗吓坏了，生怕他得罪金人，赶紧撤了他的职。

高宗早就听说了宗泽的大名，这次又见李纲推荐，于是封宗泽做了开封的知府。

不过，这个老将已经是69岁的高龄，他能够力挽狂澜，成为大宋的大救星吗？

宗泽去世，死前三呼过河

经过金人的洗劫，开封城几乎变成了废墟，老百姓和士兵们混杂居住，人心惶惶。

宗泽一到开封，就下了一道命令："凡是抢劫老百姓钱财的，一律按军法处置。"在杀了几个抢劫犯后，开封的秩序渐渐稳定下来。

为了抵抗金兵，河北百姓纷纷组成了抗金义军，人马少则几千，多则几十万。有个叫王善的义军首领，聚集了70万人马，原本想进攻开封。

宗泽知道后，单枪匹马去见王善，流着眼泪说："现在正是国家危急的时刻，如果能有你这样的大英雄，齐力抗金，金人还敢侵犯我们吗？"

王善听了，热泪盈眶，表示愿意接受他的指挥。

与此同时，宗泽制造了1200辆战车，24座堡垒，沿着黄河设立了紧密连接的连珠寨，又挖掘了数条壕沟，建造了一道开封最坚固的防护线。

然而，就在宗泽准备渡河北上，收复中原的时候，高宗却嫌南京不安全，逃到扬州去了。

很快，金军大将兀术（wù zhú）又前来攻打开封。宗泽得到消息后，先是在路上设好伏兵，接着命几千精兵切断金军的后路。就这样前后夹击，把金军打得落荒而逃。

后来，金军的另一员大将完颜宗翰率兵攻占洛阳。宗泽派部将郭俊民、李景良前去攻打，结果战败，郭俊民投降，李景良逃跑。

宗泽派人把李景良抓了回来，说："打败仗可以原谅，但你畏罪逃

天下风云

过河!过河!过河!

跑,就是死罪。"说完就叫人把李景良斩了。

郭俊民投降金人后,不久又和金人的使者一起来开封劝宗泽投降。

宗泽见到郭俊民后,说:"你要是战死在沙场,算得上是为国尽忠。可你做了叛徒,有什么脸见我!"说完,叫人把郭俊民,连同金人的使者一起斩了。

杀了这三个人后,宋军军心大振,在接下来的战争中,多次大败金军。金军被宗泽打怕了,都把他称为宗爷爷。

这时候,宗泽再次向高宗上书,请求高宗回开封主持抗金,收复中原。可一连写了20多封奏章,都是石沉大海。

这时,宗泽已经70岁了,他又急又气,背上生了毒疮,从此一病不起。诸将来看望他,他难过地念起杜甫的诗:"出师未捷身先死,长使英雄泪满襟。"

在临死前,宗泽高呼三声:"过河!过河!过河!"这才闭上眼睛。

宗泽去世的消息传开后,开封的百姓全都放声痛哭。

百姓茶馆

茶当差的

宗公死后，朝廷派了个叫杜充的大臣接任宗公的职位。这个庸官，把宗公的防守措施全都废除了！金兵一打过来，他就逃得比谁都快！没多久，中原又全部沦陷了！

牛道士

不只是大臣跑得快，前不久金兵第三次南下，皇上不也是撒腿就跑，把扬州城留给金兵蹂躏吗？金兵抢光了扬州的财宝，又放了一把火，把整个扬州城烧得精光。唉！

汤大爷

一国之君被追得像丧家之犬，从扬州逃到临安，又从临安逃到越州、明州、温州，最后逃到海上，躲到船里才捡了一条命……把我们大宋的脸都丢光了！

147

长江岸边，韩世忠阻击金兵

公元1130年，金兵一路追击宋高宗，估计害怕战线拉得过长，再加上已经烧够了、抢够了，就下令由镇江渡江北上。

宋将韩世忠得知这个消息，立刻领着八千宋兵来到镇江，在长江边上堵截。双方在江上展开了一场激战。

韩世忠的妻子梁夫人站在船头击鼓挥旗。她的旗子往东，韩世忠就往东打过去；往西，就往西打过去。

金兵来自北方，不习惯水战，乘坐的又是小木船，根本受不了韩世忠的大船冲击。金兵的船只一撞即溃，很快乱成了一团，到处乱撞。一场血战之后，金军大败。

眼看过江是没有希望了，兀术（完颜宗弼）只好领着金兵，乘船退到黄天荡。而黄天荡有个特点，看起来开阔，实际上是个死港。金军没办法

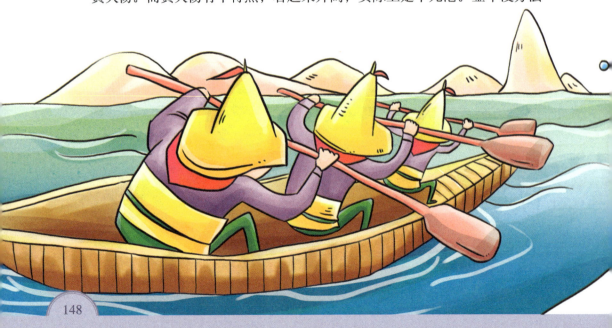

前进，身后又有宋兵堵击，急得团团转。

兀术有些害怕，就派使者向韩世忠传话："只要放我们过江，我愿把从江南抢来的财宝全还给你们。"还说愿意把自己的一匹名马私自送给韩世忠，但遭到拒绝。

这时，有人给兀术出了个主意："这里有一条堵塞的河道，只要挖通了，就能直达建康。"

兀术立刻命士兵开凿河道，金兵人多，一夜之间就挖通了五十里。

兀术出了黄天荡，刚要松一口气，却被岳飞的岳家军拦住了，不得不退回黄天荡。

金兵在黄天荡被围困了整整48天，一个个叫苦连天。

兀术实在没办法，苦苦央求韩世忠放他们过江。韩世忠说："想过江不难，但要把领土还给我们。"

兀术当然不肯，只好想别的办法。有人建议他悬赏献计。悬赏牌挂出没多久，果然有人跑过来，说："宋军的大船有风才能行驶，只要挑个没风的日子，用小船过江，宋军的大船肯定追不上。我们还可以朝他们的船射火箭，不怕过不了江。"

兀术按照这个办法，果然越过了韩世忠的防线，渡过了长江。而韩世忠的船员不是被烧死，就是被溺死，只好把船队撤回了镇江。

这次战役，韩世忠尽管先胜后败，却有效地遏制了金军的进攻，从此，金兵就再也没有越过长江。

钟相、杨太起义

面对金国的侵略，南宋朝廷不仅不积极迎战，还为了跟金人求和，加重了对百姓的盘剥。

公元1130年，金兵攻占了潭州，在那里抢掠了一顿。金兵前脚刚走，宋朝团练使后脚就跟上来催租催粮了。

老百姓忍无可忍，在武陵（今湖南常德）人钟相的领导下，发动了起义。钟相自称楚王，带着起义军到处焚烧官府，打击豪强。

老百姓纷纷响应，不到一个月，洞庭湖周围的19个县就被起义军占领了。

官兵打不过起义军，就派出一批卧底，混进起义的队伍，里应外合，攻破了起义军的营寨，俘虏了钟相。

钟相被杀后，他的义弟杨太继续领导农民起义，多次击败官兵。当地将兄弟中最小者称为"幺"，因此又亲切地叫杨太"杨幺"。朝廷被这支起义军搅得心神不宁，派程昌寓前去镇压。

程昌寓花了一大笔钱，制造了大量大型车船，每条船可以装1000水军。谁知起义军的水寨滩头水浅，车船开进去没多久就搁浅了。官兵被打得落荒而逃，所有的车船全部落入了起义军的手里。

在与朝廷的对抗中，起义军节节胜利。他们以洞庭湖为据点，很快发展到20万人。

直到1135年，岳飞的军队前来镇压，起义这才失败，杨太惨遭杀害。

天下风云

只要能回去，做道士都行

编辑老师：

你们好！你们应该记得我吧？前几年你们报社的大嘴记者还采访过我呢。

自从"靖康之难"后，我和父皇就被金兵押解到北方。在这里，我们受尽了屈辱，过着生不如死的日子。

金人先让我们穿着孝服，在阿骨打的庙前跪拜，接着，又让我们拜见了金国的皇帝。皇帝封我父皇为昏德公，封我为重昏侯，又经常侮辱我们，打骂我们。甚至一些小兵、奴仆都可以虐待我们。这日子，就像生活在地狱里一样。

编辑老师，求你们给我弟弟赵构带个信，跟他说，只要能把我和父皇赎回去，我们绝不跟他争夺皇位，哪怕让我们做道士也行！

赵桓

皇上：

您好，首先，非常感谢您对我们的信任，我们当然也愿意给您捎这封信。但是，我们必须跟您说实话。

请您不要抱太大的希望。您的弟弟虽然已经拥有南部的半壁江山，但是国力衰微，很难用武力把您救回来。

如果和谈的话，您和您父皇毕竟曾经是一国之君，更是当今皇上的哥哥和父亲，金人不会傻到把你们交出去的。他们把你们掌控在手里，可以随时要挟当今皇上。

当然，我们也希望宋朝迅速强大起来，不再受金人的欺侮，但同时，也请您做好心理准备。

报社编辑

生当作人杰，死亦为鬼雄

最近，一首讽刺南宋的诗在民间十分流行。这首诗是这样写的：

生当作人杰，死亦为鬼雄。

至今思项羽，不肯过江东。

整首诗铿锵豪迈，气势不凡，似乎是出自男人之手。然而，这首诗的作者是著名的才女李清照。

熟悉李清照的"粉丝"都知道，李清照出生在一个书香门第，最擅长的就是写词。她的词清丽婉约，独树一帜，像这样豪迈的诗她写得很少。

那么，是什么让她转变了写作风格呢？本报记者就此对李清照进行了采访。

原来，李清照18岁那年，嫁给了官宦子弟赵明诚。两人都喜欢吟诗作词，搜集金石（刻在铜器和石碑上的书画），生活过得十分美满。

然而，"靖康之难"给他们的幸福生活画上了句号。两人随着难民一起流落到江南。多年来搜集的金石书画也都丢失了。为此，李清照十分痛苦。

更让她痛苦的是，赵明诚被任命为建康知府后，在一次叛乱中，居然弃城逃跑。

李清照顿时心灰意冷。当他们逃到乌江时，李清照想起了当年的项羽，便挥笔写下了上面这首《夏日绝句》。

而赵明诚看到这首诗后，羞愧万分，最后郁郁而终。

名人有约

身份：宋高宗

大：大嘴记者　　赵：赵构

大：皇上，您好！

赵（点点头）：好。

大：很多人对您当初勤王的口号有疑义，请问，您当初召集兵马，真的是打算去勤王吗？

赵：那当然。你知道，我原本是想去议和的，不过经过磁州（今河北磁县）的时候，当时还是州官的宗泽劝我留下来。你想想，金人狼子野心，数十万大军南下，一心想侵占我大宋的国土，怎么会和我们和谈呢？我去了也是白去，说不定还会被金人扣留。所以，我不如留在磁州，召集天下兵马保护皇上。幸好当初留下了，不然恐怕会落得和先帝一样的下场啊！

大：估计您现在想起来还有些后怕吧？两位先帝被掳走了，您想过办法解救他们吗？

赵：当然，可我们打不过金兵，只好跟他们讲和。我愿意付出任何代价，把我的父皇和皇兄救回来。可是金兵太过分，说什么也不同意把他们放回来。

大：两位先帝是金人最大的筹码，不通过武力，金人怎么肯把他们交出来呢？皇上，我觉得吧，跟金人用不着讲和，咱们得打。

赵（瞪眼）：不是跟你讲了打不过吗？万一打败了，把南边的土地也丢了，你负责啊？

大：可是，求和也没用啊。听说您曾经给金人写信，说愿意削去宋朝的国号，向金人称臣，可还是被拒绝了。

赵：这个，一次和谈不成功，咱们再谈第二次嘛。

大（无语）：……皇上，既然您没把时间花在抗金上，不知道您平时都干些什么呢？

赵：喝喝酒，听听歌，练练字，下棋，绘画，读书……我要做的事情多着呢！

大：说到写字，听说您的书法可是一绝呀！笔法洒脱，自然流畅，在这方面很多人都挺钦佩您呢！

赵（喜笑颜开）：跟你说，我收集了许多字帖，尤其是在战乱中丢失的名家字帖。我不仅自己临摹，还号召太子、百官、士子们临摹。我觉得黄庭坚的字就很不错……

大（嘀咕）：没想到您当皇帝昏庸无能，当个书法家倒是绰绰有余。您真是让百姓遭殃了！可惜呀可惜！

赵：记者，你一个人嘀咕什么呢？

大：噢，我是说今天的采访就到这里了，再见，皇上！

卖田公告

为了向金人求和，官府又来提前征收两年的赋税了。可是现在兵荒马乱的，我们这些小户人家，哪有钱一次性交那么多税啊？家里只剩五亩良田，我愿卖出其中三亩交税，有意者请跟我联系。

农民黄五

《金石录》新鲜出炉

由我国著名金石学家、文物收藏家赵明诚编写的《金石录》将于本月底新鲜出炉。全书共30卷，记录了2000种金石拓本，是一部非常难得的历史文物著作。欢迎各位金石爱好者前来购买。

德馨书肆

求见李清照一面

李清照是我最崇拜的词人，她所有的作品我都拜读过。她早期的作品婉约缠绵，非常优美，如《一剪梅·红藕香残玉簟秋》；可是现在，我发现她的作品越来越伤感，如《声声慢·寻寻觅觅》。从这可以看出，这些年她一定颠沛流离，遭遇了很多苦难。

作为她的铁杆"粉丝"，我很想帮助她，希望有人能为我引荐。

商人王宝宝

智者第❸关

1. 金国是谁建立的?
2. 辽国是被哪个国家消灭的?
3. 是什么导致了方腊起义?
4. 张择端的传世名画是什么?
5. 宋徽宗创立的书法体叫什么?
6. 宋徽宗时期的四大奸臣分别是谁?
7. 宋钦宗曾罢黜了哪几个大奸臣?
8. 北宋后期的四大书法家分别是谁?
9. 北宋灭亡的标志事件是什么?
10. 哪位皇子逃过了"靖康之难"?
11. 北宋灭亡后,金人给宋朝立的傀儡皇帝是谁?
12. 宋徽宗与宋钦宗、宋高宗是什么关系?
13. 谁在临死前还大呼"过河"?
14. 金军大将兀术北撤时,是谁在长江岸边阻击金兵?
15. 南宋初年,爆发了一场大规模的农民起义,是由谁领导的?
16. 世人说的南宋"中兴四将"是谁?
17. "生当作人杰,死亦为鬼雄"是谁写的?

智者无敌　王者为大

第❿期

〖公元 1139 年—公元 1142 年〗

英雄和奸臣

穿越必读▶

　　岳飞是南宋著名的抗金将领，他智勇双全，精忠报国，一心想从金人手中收复宋朝河山，可最后却被奸臣秦桧以"莫须有"的罪名陷害，命丧风波亭。真是可悲可叹！

宋金签订和约
——来自临安的加密快报

公元1139年，一个惊人的消息传来，南宋与金国签订和约，内容如下：

一、南宋向金国称臣，每年进贡25万两白银，25万匹绢；

二、金国将陕西、河南一带的土地还给南宋；

三、大宋皇帝要经过大金国册封之后才能生效。

这次南宋能够与金国议和成功，主要"归功"于宰相秦桧。要不是他千方百计地向金人示好，高宗哪能如愿以偿，顺利地和金人达成和议呢？

议和后，百官纷纷向高宗表示祝贺，只有抗金将领岳飞忧心忡忡，向皇帝上书说："今天的事，可危而不可安，可忧而不可贺。"

来自临安的加密快报！

秦桧原来是奸臣

有人奇怪,这秦桧到底是个什么样的人,为什么他一出面,就把金人"搞定"了呢?

原来,秦桧原本是北宋的大臣。刚开始,他还是一个很有骨气的人,在与金人的谈判中,他一直反对割地求和。

"靖康之难"时,金人掳走了徽宗、钦宗,要立张邦昌为傀儡皇帝,并让北宋的大臣签名。几十名官员先后签了字,只有秦桧坚决不签,最后被逼无奈,这才勉强签了。

之后,金人将他和妻子王氏捉了去。到达金国的都城后,他就像变了个人似的,成天在金太宗面前千般表现,万般谄媚,就像只哈巴狗一样。

这时,南宋的抗金势力越来越大,老喊着复仇。金太宗有些担忧,便决定把秦桧放回去当金国的内应。

公元1130年,在金人的安排下,秦桧和妻子王氏"逃"回了南宋。

秦桧一回到南宋,就急匆匆地去求见宋高宗。有人问他:"你是怎么逃回来的呀?"

秦桧吹牛说:"我杀死了看守的金人,还抢了一条船,这才逃了回来。"

不过,也有大臣提出了一连串的疑问:"为何一同被俘的大臣,只有秦桧一个人回来了?路途这么遥远,难道路上没有碰到盘查?秦桧真的神通广大,不仅自己逃了出来,还能把妻子带回来?"

对于这些问题,秦桧并没有给出合理的解释。

而宰相范宗尹是秦桧的老朋友,他在高宗面前把秦桧夸得天花乱坠,说秦桧既可靠,又有才华。

高宗一心想跟金人求和,听说秦桧是从金国逃回来的,以为秦桧知道很多金国的内部消息,于是召见了他。

秦桧一见到高宗,就提出要与金人议和,这正对了高宗的心思。

高宗兴奋地说:"秦桧比谁都忠心,我得到他,晚上高兴得都睡不着呢!"

秦桧得到了高宗的赏识,以火箭一般的速度升为宰相。

从此,秦桧利用自己的职权,千方百计地阻挠、破坏抗金活动,还以每年25万两白银和绢帛的代价,和金人签订了合约。

绝密档案

撼山易，撼岳家军难

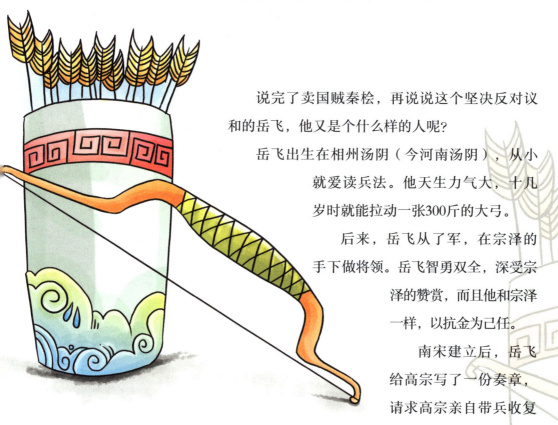

说完了卖国贼秦桧，再说说这个坚决反对议和的岳飞，他又是个什么样的人呢？

岳飞出生在相州汤阴（今河南汤阴），从小就爱读兵法。他天生力气大，十几岁时就能拉动一张300斤的大弓。

后来，岳飞从了军，在宗泽的手下做将领。岳飞智勇双全，深受宗泽的赞赏，而且他和宗泽一样，以抗金为己任。

南宋建立后，岳飞给高宗写了一份奏章，请求高宗亲自带兵收复中原。

高宗看了奏章十分生气，想：你不过是个小小的将官，也来多管闲事！于是把岳飞撤了职。

宗泽死后，杜充接任他的职位，岳飞也官复原职。后来，金军攻打东京，杜充吓得逃到了建康；金军又攻打建康，杜充竟然向金军投降了。杜充手下的将领如鸟兽散，只有岳飞坚持守在建康附近。后来在兀术向北撤军的时候，岳飞配合韩世忠大败金军。

岳飞屡立战功，地位也得到了飞速提升，32岁时官职就已经相当于节度使了，而且和抗金名将韩世忠等人齐名。

高宗见岳飞劳苦功高，要赐他一座豪宅，岳飞一口回绝了："金兵未灭，何以为家？"

别人问他，什么时候才能天下太平，岳飞回答："武官不怕死，文官不贪财，天下就太平了。"

岳飞的军队被称为岳家军。他对岳家军的训练十分严格，有一次，他的儿子岳云在训练中，因为战马失足从马背上摔了下来。岳飞毫不留情，将他狠狠地打了一顿。

岳家军的纪律也十分严明。一次，一个士兵捆柴的时候，随手拿了老百姓的一束麻草。岳飞知道后，立刻按照军纪，严厉地惩罚了这个士兵。岳家军中有一个口号："冻死不拆屋，饿死不掳掠。"

岳飞对部下既严格，又爱护。士兵生病了，他亲自为他们调药；手下将领出征，他叫妻子去慰问他们的家人；对于阵亡的将士，他负责抚养他们的子女；上级赏赐的财物，他一分都不拿，全部分给部下。

岳家军上下团结一心，屡战屡胜，因此金军看到岳家军就害怕，说："撼山易，撼岳家军难。"

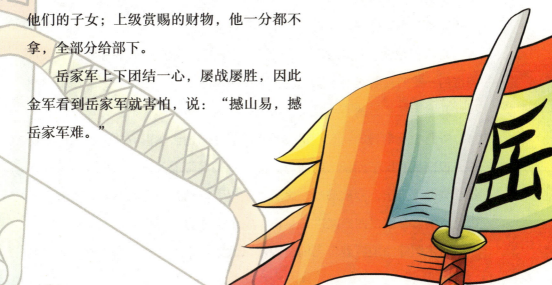

岳飞大败兀术

岳飞预料得没错，公元1140年，金人果然撕毁和约，以兀术为统帅，倾尽全国的兵力，分四路进攻南宋。

宋高宗见势不妙，赶紧发布诏书，命令各路大军全力抵抗金兵。岳飞接到命令后，立刻集结军队，亲自坐镇郾（yǎn）城指挥。他一面派遣部将分路出兵，一面派河北义军从后面包抄。没多久，各路抗金部队纷纷大捷，相继收回了许多失地。

金兵连遭挫折，兀术大惊失色，连夜召集部下商量对策："这样下去，我们南征的计划就要泡汤了。大家有什么好办法吗？"

将领们都说："其他宋将倒没什么，就是岳飞不好对付。我们不如先集中兵力，打垮岳家军！"

兀术觉得有道理，就带领大军直取郾城。

兀术把他最精锐的部队"铁浮图"派上了战场。铁浮图是兀术亲自训练的一支骑兵队。每个骑兵都披上厚厚的铁甲，三个为一队，在中间冲锋。兀术还派了另两支骑兵从左右包抄，叫"拐子马"。

听到金兵来袭的消息，岳飞派自己的儿子岳云率军应战。岳飞仔细观察，很快就发现了拐子马的弱点。他命令士兵带上刀斧，等敌人冲过来，就立刻弯下身子，专砍马腿。金兵被杀得人仰马翻。岳家军乘胜追击，打得金兵哭爹喊娘，四面溃逃，只恨少生了两条腿。

兀术眼睁睁地看着自己的精锐部队大败，不由得痛心大哭："这么多年以来，我全靠铁浮图和拐子马打胜仗，这下全完了！"

岳飞大败兀术，不仅解除了南宋的危机，更鼓舞了军民抗金的士气。在他的带动下，南宋举国上下，掀起了抵抗金兵、收复失地的热潮。

十年之功，毁于一旦

编辑老师：

　　你们好！这段时间，我们在与金人的对抗中节节胜利。前不久，我们打到离东京只有四十五里的朱仙镇，很多百姓都用牛车载满了粮食，前来犒军。

　　看到这种情景，我心里真是高兴，就对部下说："等我们直捣黄龙府（金人的腹地），再与大家痛饮！"

　　就在我们打算一鼓作气，收复河山时，上头突然叫我撤兵。我有些摸不着头脑，就向高宗上了一道奏章，说："现在我们士气正盛，金军士气尽失，大好的机会怎么能够错过？"

　　谁知皇上不仅没有收回命令，还一连下了十二道紧急金牌，命令我立即撤军。

　　眼看十年之功，毁于一旦，我实在是太痛心了，也实在是想不通，这到底是为什么呀？

岳飞

岳将军：

　　您好！其实这一切都是秦桧的阴谋。他见您快要打到东京了，就在皇上面前拼命进谗言，唆使皇上下令让您撤兵。他还把张俊、刘光世这些大将从前线撤回来，只留您一支孤军，这样，皇上就必须命您撤军了。而且据我们所知，这次您回京后，秦桧肯定不会轻易放过您，您可千万要小心啊！

报社编辑

　　（岳飞一回到京城，就被解除了兵权。接着，高宗和秦桧迫不及待地向金求和，并达成协议：宋朝向金国称臣；金国、宋朝双方划定边界，东边以淮河中流为界，西边以大散关为界；宋朝每年向金国进贡白银25万两，绢25万匹。这次和议被称为"绍兴和议"。）

岳飞被杀，罪名竟是"莫须有"

绍兴和议后，兀术暗中给秦桧送了一封信，说："我知道你们一心求和，但是留着岳飞始终不妥，得想办法把他除掉！"

秦桧接到密信，二话不说，立刻暗中筹谋陷害岳飞。没多久，秦桧就让他的同党万俟卨（Mò qí xiè）向宋高宗上了一道奏折，诬蔑岳飞拥兵自重，不听命令。

这时，岳飞也知道秦桧故意陷害他，就主动辞去了官职，宋高宗立刻同意了。尽管这样，秦桧仍然不满意。他唆使岳家军里的两个奸徒王贵、王俊，诬告岳飞的部将张宪企图替岳飞夺回兵权。

秦桧派人把张宪抓起来，严刑拷打，让张宪作证。但张宪铁骨铮铮，宁死不屈。秦桧不管三七二十一，仍然把岳飞、岳云抓起来审问。

当初诬告岳飞的万俟卨做了主审官，他故意拿出王贵、王俊的诬蔑信，装模作样地呵斥道："朝廷待你们不薄，你们为什么要造反？"

岳飞知道他是秦桧的同党，自己无论怎么申辩都没有用，便长叹口气，说："落到你们这群奸佞小人手里，即使我再赤胆忠诚，也没办法辩解了！"之后索性一言不发。

万俟卨没有拿到岳飞"造反"的证据，只好灰溜溜地回去了。秦桧气得咬牙切齿，又派了另一个大臣何铸审问岳飞。

天下风云

何铸让岳飞招供，岳飞一句话也不说，转过身去，一下把上衣扯下来，露出背上刺着的四个字——尽忠报国！

何铸心头一震，不敢再审，赶紧回去禀报秦桧，说找不到岳飞谋反的证据。秦桧认为何铸在同情岳飞，便再次把万俟卨叫来，要他继续拷打岳飞三人。

岳飞受尽各种酷刑，却一声不吭，咬牙在供词上写下"天日昭昭，天日昭昭"八个大字。

老将韩世忠听说这件事后气坏了，亲自去找秦桧问个究竟："你说岳飞谋反，到底有什么证据？"

秦桧蛮不讲理地说："虽然找不到证据，但是这件事莫须有（就是'难倒没有'的意思）！"

韩世忠怒火中烧："怎么能仅凭'莫须有'三个字，就杀害忠良呢！"韩世忠反复力争，都没有结果，就辞掉了官职。

公元1142年1月的一个晚上，秦桧以"莫须有"的罪名，在风波亭将岳飞秘密杀害了，同时被害的还有岳飞的儿子岳云、部将张宪。

百姓茶馆

 窦老汉

天啊，如果说岳将军会造反的话，那世界上就没有忠臣了！公道自在人心，我相信过不了多久，朝廷一定会为岳将军平反的！而秦桧这个大奸贼，日后必定遗臭万年！

 当铺赵老板

听说，秦桧原本还没下定决心杀岳飞。但秦桧的老婆比秦桧还要狠毒，跟他说什么"捉虎容易放虎难"，秦桧听了老婆的话，就把岳飞杀了。

 齐书生

我觉得岳将军不仅仅是被秦桧害死的，更主要的是皇上要杀岳飞。太祖开国时，曾经立下"不杀大臣"的规矩，可如今，皇上宁愿违背祖宗家法，也要下旨处死岳将军，为什么呢？还是怕抗金势力大了，威胁他的统治。唉，可怜岳将军忠心一片，真是太冤了！

油条的来历

这段时间,一种新的早点——油条流行开来。说起油条的来历,它与大奸臣秦桧有着莫大的关联。

自从秦桧和老婆王氏在风波亭害死岳飞后,老百姓就对这对夫妻恨之入骨。

当时,风波亭附近有家饮食店,专门卖油炸食品。这天,店老板正在油锅旁忙碌,听到岳飞遇害的消息,顿时气不打一处来。他抓起一块面团,捏成一男一女两个小人,让他们背靠背,丢进油锅中狠狠地炸。

店老板一边炸,一边大叫:"油炸桧啦!油炸桧啦!"周围的人立刻会意,全都围过来帮着做"油炸桧",炸好后放进嘴里狠狠地嚼。嘿,这一嚼,发现味道还挺不错。于是,"油炸桧"这种食品就诞生了,并很快传遍了全国。

后来,有些地方把"油炸桧"改名为"油条"。不过,也有地方仍然叫它"油炸桧",或者"油炸鬼"。

名人有约

身份：抗金名将

大：大嘴记者　岳：岳飞

大：岳将军，您好！我从小就特别崇拜您，今天见到您我真是太、太激动了……

岳（和蔼）：别激动，记者，好好说话。

大（深呼吸）：虽然您身居高位，但听说您非常节俭，让全家人都穿粗布衣服。有一次您妻子穿了件绸衣，您还责怪她了，对吗？

岳：是的，我跟她说，皇后和众王妃都在金国受苦，你就不要穿这么好的衣服了。

大（看了看自己身上的衣裳）：惭愧惭愧，看来，我今天不该穿着绫罗来采访您。我还听说，部队补给困难的时候，您吃的东西和低级士兵吃的一模一样，想必这也是真的吧？

岳：没错，虽然日子过得苦，但只要想想能在战场上杀敌，就不苦了。说起吃的，我突然想起一件事。一次偶然的机会，我吃到过一种非常美味的食物。

大：哦？能详细说说吗？

岳：有一次，一个地方官招待我们，宴席上有一种叫"酸馅"的食物可口极了，我还带了一些回去给家人吃呢。

大：酸馅？这只是一种很平常的食物啊。唉，您说这话简直让我觉得心酸。对了将军，我一直有个问题想不明白。我知道您教育子女很严格，从来不允许岳云沾您的光。可是岳云在战场上屡次立下奇功，您为什么隐瞒不报呢？

岳：哈哈，你的疑问张浚也提过，他说我躲避荣耀到这个地步，虽然廉洁，但却不公平。

大：对呀，可这是为什么呢？

岳：你想想，一个父亲教育儿子，怎么能教他急功近利呢？

大：原来如此，看来将军您真是用心良苦啊！听说将军您不仅能征善战，文采也是非凡啊！

岳：哈哈，你听谁说的？

大：大家都这么说，说您非常喜欢读书，家里的藏书多得数不清，您的书法也非常好。而且，您还喜欢和一些文人交往，是名副其实的一代儒将啊……

岳：停停停，记者你这是在拍我的马屁吧？好了，战事紧急，我也不跟你多聊了，咱们日后再会吧！

大：好的，那我就不打扰您了，将军再见！

沉痛悼念岳飞

　　岳飞将军生前身兼数职，一年的俸禄有一万多两，可抄家时，将军所有的家产只有3000两，可见他将大部分家产都用于军备了。这样一位忠君报国的名将，竟然冤死风波亭，实在可悲可叹。大宋百姓永远怀念他！

无名氏

免费赠送岳飞诗词

　　"怒发冲冠，凭栏处，潇潇雨歇……"你可还记得岳飞将军的这首《满江红》？为了悼念岳将军，本书肆在未来三天内，将免费赠送将军的诗词《满江红》《小重山》欢迎大家前来领取。

琴韵书肆

昭告天下

　　七年前（公元1135年），朕的父皇（徽宗）不幸在金国驾崩。朕心中十分悲痛，只恨无法要回父皇的遗体。如今宋金议和，朕终于将父皇的遗体和太后接了回来，以尽孝心，特此昭告天下。

大宋皇帝赵构

第 11 期

〖公元 1162 年—公元 1234 年〗

隆兴北伐

穿越必读

南宋朝廷在抗击金兵的同时，金国占领区的百姓也发动起义，与朝廷呼应，其中以耿京、辛弃疾为代表。宋孝宗即位后，为了收复宋朝河山，进行了隆兴北伐。只可惜，由于主将不和等原因，北伐以失败告终。

烽火快报

一首词引来60万敌军
——来自江淮的加密快报

1161年,金国皇帝完颜亮发动全国兵力,共60万大军,前来侵略南宋。这是怎么回事?自从绍兴和议后,宋金不是保持了20年的和平吗?这会儿怎么又打起来了呢?

原来,在这20年里,金国发生了内讧。藩王完颜亮杀了金熙宗,自己当起了皇帝。据说他这次起兵,是因为读了柳永的《望海潮》一词,对繁华的南宋心生向往,才起兵的。

来自江淮的加密快报!

消息传到南宋后,宋高宗还不信,说这是有人在造谣呢。

这天,金国派了一堆使者来到临安,由大臣张焘(tāo)接待。有个叫施宜生的使者,以前是宋朝人,想透露点口风给张焘,但是当着其他金国使者的面,又不好明说,就假装随口说了一句:"今天北风刮得可真厉害呀!"意思是你们要做好准备,金国要打过来啦!

接着,施宜生又拿起笔,说:"笔来,笔来!""笔来"就是"毕来",意思是,金国要发动全国的兵力侵宋啦!

张焘回去后,把这个消息报告给高宗,可高宗还是不信。

这不,还没过多久,完颜亮就倾尽全国的兵力,逼近了淮河北岸。

采石大战，书生退敌

金军逼近淮河北岸时，驻守江北的主帅刘锜（qí）正卧病在床，就派副帅王权到淮西防守。

谁知王权是个贪生怕死的家伙，还没见到金兵的影儿，就落荒而逃了。

这时，金兵已经打到长江北岸了，正准备从采石渡江。宋高宗急坏了，立刻撤了王权的职，另派李显忠和宰相叶义问一起去前线视察。

不料，叶义问也是个胆小鬼，他不敢上前线，就让手下的一个小文官虞（yú）允文代自己去。虞允文到达采石时，王权已经离开了，而接替他的李显忠却还没到。宋军们三个一团、五个一伙地坐在地上，没精打采。

虞允文心中一惊，想：现在宋军人心涣散，来不及等李显忠了。于是，他立刻召集将士们，诚恳地说："我奉了皇上的命令，特意到这里慰劳你们。只要你们奋勇杀敌，为国立功，我一定在皇上那为你们请赏！"

将士们有了虞允文做主心骨，都打起精神，纷纷嚷着要拼死杀敌。

尽管虞允文是个文官，从没指挥过战役，但在其他将士的帮助下，他鼓足勇气，整理队伍，摆好了阵势。

这时，金兵在完颜亮的亲自指挥下，已经开始渡江了。

金兵刚一登岸，虞允文就派遣勇将时俊率兵出击。时俊勇猛果敢，挥舞着双刀，带头冲入敌阵。后面的将士也不甘示弱，紧跟其后，杀得金兵哭爹喊娘，惨败而归。

天下风云

完颜亮气得暴跳如雷,把逃回去的士兵全都处死了。他不甘心失败,第二天天刚蒙蒙亮,又派遣战船渡江,准备偷袭宋军。

而虞允文早就识破了他的诡计,派战船悄悄埋伏在两边,趁着金兵渡江时,从两边夹击,一下子把金兵包了"饺子",金兵的300只战船全被宋军烧毁了。

完颜亮诡计失败,又杀了一批士兵泄愤。之后,他决定从扬州渡江。

这时,李显忠已经到达采石了,虞允文把军队交给他,并提醒说:"金兵在采石连连失利,可能会转到扬州去。"李显忠觉得很有道理,就拨给他一支军队,让他前往镇江。

而金兵呢,一连打了好几次败仗,都打怕了,好些将士商量着要逃走。完颜亮知道后下令说:"士兵逃走的,杀将领;将领逃走的,杀主将!"

士兵们再也忍受不了完颜亮的残酷统治,就趁他不注意,悄悄把他杀死了。完颜亮一死,金兵就撤退了。

愿意抗金的，赶紧加入我们吧

编辑老师：

你们好。我出生的时候，我的家乡济南就已被金人占领了。我的祖父经常带着我登高，眺望祖国的壮美河山。只可惜，祖父没有等到大宋收复中原的这一天，就去世了。

祖父死后，我决定继承他的遗志，为收复大宋河山出一份力。这时，济南府的耿京发动农民起义，反抗金国的统治，我带着2000人投奔了他。

虽然我们的起义军有20多万人，可是没有朝廷的支持，也难以跟金人对抗。所以，耿京派贾瑞和我去与朝廷联系。

皇上（高宗）见到我们非常高兴，不仅答应和我们联合抗金，还给我们封了官。

谁知我回去后，发现起义军内部发生了变故。将领张安国在金人的诱惑下，竟然叛变，把耿京杀了，起义军也散了伙。我火冒三丈，带人绑了张安国，送给朝廷处置。

如今，我希望贵报能够替我们宣传一下，让那些愿意抗金的士兵，赶紧加入我们的队伍。官兵就要来了，收复中原的日子就要到了！

辛弃疾

辛先生：

您好！我们收到信的时候，刚好传来张安国被朝廷处决的消息，真是大快人心啊！您的勇敢和果断，也正被全国人民交口称赞呢。

好了，废话不多说，以免耽误您宝贵的时间。我们答应您，一定会为您做好宣传。我们全体编辑都衷心希望，大宋的将士们能早日收复祖国的大好河山！

报社编辑

天下风云

隆兴北伐，又换得一纸和约

公元1162年，宋高宗主动退位，皇太子赵昚继位（史称宋孝宗）。

和宋高宗比起来，宋孝宗就英明多了。他不甘心偏安东南，苟且偷生，决心驱兵北上，收复中原。

第二年4月，为了防止主和派和高宗阻拦，宋孝宗直接下达诏书，命令大将张浚率军北伐。

张浚接到命令后，立刻率领八万大军，兵分两路，一路由李显忠指挥，直取灵璧；一路由邵宏渊指挥，进攻虹县。

战争初期，宋军士气如虹，锐不可当，两支北伐大军相继取得了胜利。

谁知没多久，主将李显忠和邵宏渊就产生了矛盾。

5月，数万金兵进攻宿州，李显忠率领将士们奋勇杀敌，打退了敌人一次又一次的进攻。

眼看金军的十万主力就要到了，邵宏渊不仅按兵不动，还在一旁说风凉话："哎呀，这大热天，摇着扇子还觉得热，更何况是身披厚厚的重甲，埋头苦战呢！"

正在杀敌的将士们听到这话，士气大跌。

到了晚上，邵宏渊手下的将军周宏一边敲鼓，一边放出谣言说："金兵来啦，金兵来啦！"

大宋将士们奋战了一天，筋疲力尽，听说金兵又追过来了，顿时不战自溃。

这次溃败（史称"符离之溃"），不仅使南宋损失惨重，也使孝宗对北伐产生了怀疑。

这时候，主和派又以这件事为把柄，兴风作浪。没多久，孝宗就派人去与金人议和，可金人却狮子大张口，漫天要价。宋孝宗被逼无奈，只好继续挥师北上，同金人作战。

南宋军队处于劣势，连连溃败，相继丢失了楚州、濠州和滁州。这时，金人达到了自己的目的，答应和南宋议和。

公元1164年岁末，宋金两国签订和约，具体内容如下：

1. 南宋不再对金称臣，改叔侄关系；
2. 双方继续维持"绍兴和议"议定的疆界；
3. 南宋每年给金的"岁贡"改为"岁币"，银25万两改为20万两，绢25万匹改为20万匹；
4. 宋朝割让商州和秦州给金国；
5. 双方交换战俘，但不包括叛逃者。

百姓茶馆

儒生老钟：唉，我原本以为换了个皇上，我们大宋就有希望了，谁知到最后，又签订了一个不平等条约，大宋的未来究竟在哪里啊？

诗人小岳：其实这也不能全怪皇上（孝宗），他是有心杀敌，无力回天啊。而且，他一登基就为岳飞平冤昭雪，还赐谥号"武穆"，是个英明的好皇帝啊！

王太监：是呀，皇上还非常节俭呢。这些年，百姓的生活渐渐好了，国家渐渐富裕了，可皇上仍然常常穿着旧衣服，也从来不大兴土木。现在，宫里的收入越来越多，库房里的钱财都堆满了，那天，我去内库检查时，发现穿钱币的绳索都已经腐烂了。

陆游去世，临终前留下《示儿》

公元1210年，著名的爱国诗人陆游去世了，临死前，他留下了一首名叫《示儿》的诗："死去元知万事空，但悲不见九州同。王师北定中原日，家祭无忘告乃翁。"

这首诗是陆游留给儿子的遗嘱，全诗的意思是，一个人死了，就什么也不知道了。我唯一感到痛心的是，没能亲眼看到祖国统一的那天。哪天大宋军队收复了中原，你们祭祖的时候，不要忘记告诉我一声。

陆游是浙江山阴人，他出生后没多久，北宋就灭亡了。陆游从小就目睹了金兵在江南烧杀抢掠的恶行，对金人十分痛恨。29岁时，陆游去临安参加进士考试，因为才华出众，考了第一名。当时，秦桧的孙子秦埙（xūn）也参加了考试，考了第二名。这件事让秦桧觉得很没面子。

第二年，陆游再次参加礼部考试，名次又排在了秦埙的前面。秦桧火了，竟然下令取消陆游的考试资格。从那以后，陆游就别想再做官了。直

心愿未了啊！

到秦桧死去，陆游才担任了枢密院的编修官。

隆兴北伐的时候，陆游表示强烈支持。不久北伐失败，主和派的大臣就说，张浚出兵是陆游怂恿的。于是，陆游被罢了官。

十年后，川陕一带的将领王炎听说了陆游的名气，请他去做幕僚。陆游非常兴奋，以为到那里就可以抗金了。他还向王炎提出建议，说要收复中原，首先必须收复长安。可这时，朝廷却没有北伐的打算，再加上川陕的将领一个个骄横腐败，王炎也拿他们没办法。

后来，陆游被调到成都，当上了安抚使范成大的参议官。因为没办法实现自己的理想，陆游心里非常郁闷，常常喝酒、写诗。同僚们很看不惯他，说他放荡不羁（jī），陆游听了一点儿也不生气，还给自己取了个别号——放翁。

一晃又过去了二三十年。南宋连皇帝都换了好几个，从宋孝宗到宋光宗，再到宋宁宗，朝廷却始终没有出兵北伐的决心。在这些年里，陆游写下了大量的爱国诗歌，有人统计了一下，加上他以前写的诗，一共竟然有九千多首呢！

只可惜，陆游一腔热血，忠心爱国，最后却带着巨大的遗憾离开了人世。

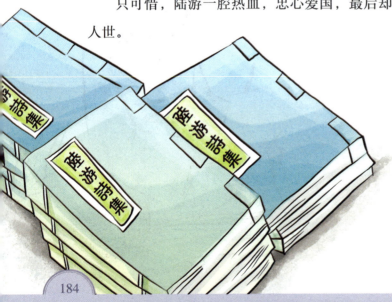

高宗选太子

我们都知道,孝宗赵昚不是高宗的亲生儿子,那他是怎么当上皇帝的呢?

高宗在位时期,大臣们为了江山社稷,每天上朝时,都催促高宗尽早册立太子。高宗当然也想早早地把太子的人选确定下来,可是该选谁当太子呢?高宗左思右想,为难极了。

原来,当初金兵南下,高宗皇帝唯一的儿子已经在苗刘之变中死了。如此一来,太子的人选就落空了。

那在直系亲属中选一个出来?可惜靖康之难中,金兵把所有的皇室子弟都掳走了,一个不剩!

大臣们催得急,高宗没办法,只好决定在开国皇帝宋太祖的子孙中选一位,好歹也是皇室中人,血缘还是有的。

说办就办。高宗皇帝把太祖的后人们召集起来,左挑挑,右挑挑,最后终于选定了一胖一瘦两个孩子。可是太子只能选一个,两个孩子都聪明伶俐,到底选谁呢?

不如选这个胖一点儿的吧!看着有福气!高宗心想。

正在这时候,一只猫突然跑过来,瘦小孩乖乖地站在那里,一动也不动,但胖小孩却飞起一脚,一下子把猫踢到一边去了。

高宗脸色一变,心里不太高兴,但他一句话也没说,把两个孩子都留在宫中,决定观察一段时间再做决定。

八卦驿站

20年过去了，两个孩子都长大了，他们天资聪明，又接受了良好的教育，能力那是没的说。胖小孩能说会道，凭着一张巧嘴，把皇太后哄得心花怒放。太后一高兴，就建议选胖小孩做太子；而瘦小孩则朴实诚恳，虽然也很聪明，但却和权臣秦桧闹僵了。

太后和秦桧都建议册立胖小孩做太子，高宗却另有想法。

没多久，太后过世了，高宗下定了决心，用一个"别出心裁"的办法来确定太子人选。他精心挑选了20位美丽优雅的女子，送给了两个太子候选人。

胖小孩欢天喜地地接受了美女，每天和她们饮酒作乐，过着奢侈的生活；而瘦小孩呢，虽然也接受了美女，但却把她们养起来，一个也没要。

经过这件事后，高宗心里就有谱了，没多久就册立瘦小孩为太子，他就是赵昚，也就是孝宗。

头疼，该选谁呢？

被逼当皇帝

皇帝是天下的主人,地位尊崇,权势滔天。自古以来,许多人想方设法地当皇帝,可有一个人却偏偏与众不同,死活不愿意当皇帝。

这个人,就是宋宁宗赵扩。

孝宗之后,光宗即位,宋光宗晚年精神分裂,疯疯癫癫,无法处理朝政。大臣们又惊又怕,经过商量,决定让光宗提前退位。

可是,让皇帝退位可是件大逆不道的事情啊,大臣们你推我,我推你,谁都不愿意主动提出来。最后,大家决定请皇太后出面。

皇太后知道大臣们的来意后,仔细考虑了一番,最后同意了。可是新的问题又来了,谁当皇帝呢?

有的大臣建议让吴兴郡王即位,有的大臣则坚持让嘉王继位,大臣们七嘴八舌,吵吵嚷嚷,谁也说服不了谁,最后还是皇太后下定了决心。

她把嘉王和吴兴郡王找来,说:"皇帝身体不适,不能处理朝政,现在必须得拥立新的皇帝了!"说完,她又对吴兴郡王说:"我知道你聪明能干,很多人都赞同你当皇帝。但是按照祖宗的规矩,都是哥哥先做皇帝,再交给弟弟的。嘉王是你哥哥,比你年长,还是让他做皇帝吧!"

吴兴郡王一心以为自己能做皇帝,不料未能如愿,他勃然大怒,拂袖而去。

而嘉王呢,听说让自己做皇帝,吓了一大跳。他压根就没做好当皇帝的准备。于是,他连连摆手说:"哎呀,不行不行,我做不得皇帝,我做

八卦驿站

不得皇帝!"

大臣们一听,傻了眼。皇太后急了,赶紧说:"你们把皇袍拿来,我亲自给他穿上!"

嘉王吓得不知所措,抓住一个大臣的胳膊,哀求说:"帮帮我吧,帮帮我吧!"然后绕着大殿的柱子,不停地躲着皇太后。

皇太后追不上嘉王,又急又气,流着泪说:"大宋从太祖开国,一直延续到现在,这是多么不容易啊!难道你要眼睁睁地看着它灭亡吗?"

听了这话,嘉王吓得不敢再跑,只好穿上皇袍,一边穿,还一边嘀嘀咕咕:"做不得呀,做不得……"

就这样,嘉王在祖母和朝臣的"逼迫"下,继承了皇位,他就是宋宁宗。

名人有约

特约嘉宾：赵昚

身份：宋孝宗

大：大嘴记者　　**赵**：赵昚

大：皇上，欢迎您来我们《名人有约》做客！当初您因为10个美女而击败对手的事，在民间已经传为美谈了。

赵（不好意思地笑笑）：其实，这是史浩的主意。

大：史浩是谁呀？

赵：是我的老师。后来为岳飞平反也是他建议的。

大：哦，难怪，原来是名师出高徒啊！不知道您对隆兴北伐有什么看法？

赵：唉，失败呀失败！不提也罢。不过自从那次之后，我才意识到，大宋外有金国虎视眈眈，内部也是问题多多。虽然和金国签订了屈辱的和约，但也未尝不是给我大宋一个缓冲的机会。所以我决定趁这段和平时期，整顿内治，安定民心。

大：有什么具体的措施呢？

赵：例如在经济上，我改变盐钞，让官府把拖欠盐商的钱还了，放宽盐的买卖。此外，还增加了纸币，出售官田，减少了不必要的消耗等；在政治上，削减冗官，改革吏治，对官员的实际才能进行考察，也

名人有约

不允许子承父官了。

大：好办法！看得出您是一个很有想法的皇帝啊！

赵：当然！要想恢复我大宋江山，最重要的一点就是要整顿军务。我不仅经常举行阅兵活动，还让驻军进行大型演练，淘汰老弱残兵，选拔优秀将士。我一心想着把我们大宋军队的战斗力提升起来，将来有一天，挥师北上，收复中原！

大（敬佩）：皇上好气魄！

赵：可惜的是，天不佑我大宋啊！本来，我想亲自率领一支军队，和虞允文双管齐下，同时进攻金国。可惜就在这时，虞允文却病故了。唉，一听到这消息，我的心是拔凉拔凉啊。从那以后，我就再也不想北伐了……

大：……

赵：现在想想，我父皇当初多幸运啊，有岳飞、宗泽、李纲、韩世忠，等等，一堆的大将任他选用。

大：可惜先帝没有您的进取心呀！

赵：你不要这样说我的父皇！

大：好好，知道您是一个孝顺的皇帝（不然怎么叫"孝宗"呢）！那您以后有什么想法呢？

赵：唉，还能怎样呢，北伐的事情，就交给太子吧……

广告铺

广告天下

皇上（孝宗）要去讨伐金国了，现在是备战时期，急需大量工匠为军队打造兵器。工匠分兵匠和民匠两种，兵匠由各州的军队调拨，民匠由各个地方按户籍派遣。请全国相关部门做好准备。

御前军器所

《稼轩长短句》精彩不容错过

大家都知道，辛弃疾（号稼轩）的词豪迈奔放、明快流利，每一首都是难得的佳品。《稼轩长短句》是他著名的作品集，里面搜集了他620多首词，喜爱辛弃疾的文友们可千万不要错过哦！

墨香书肆

邀人共游沈园

大家都知道，陆游年轻的时候，曾经与表妹唐婉结为夫妇。夫妻俩非常恩爱，却因为陆游的母亲不喜欢唐婉，而不得不分离。几年后，陆游在沈园遇到了唐婉和她的丈夫，于是写下了一首让人感慨万千的《钗头凤》。

明天就是陆游的祭日了，作为陆游的粉丝，我很想邀请一位朋友与我共游沈园，以此来怀念我的偶像陆游。

秦宝宝

第 ⑫ 期

〖公元 1234 年—公元 1279 年〗

繁华王朝成一梦

穿越必读▶

蒙古崛起后,南宋与蒙古联合,灭掉了金国。之后,南宋与蒙古之间展开了长达四十多年的战争,最终,南宋灭亡了。

宋与蒙古联合灭金
——来自开封的加密快报

公元1234年,南宋人民将永远记住这个日子。因为就在这一年,南宋与蒙古联手,把金国灭了!

南宋与金国有不共戴天之仇,这是众所周知的事情,可蒙古为什么也来攻打金国呢?原来,蒙古与南宋一样,也与金国有着血海深仇。

蒙古帝国的建立者叫成吉思汗,他的祖先俺巴孩就是被金国皇帝杀害的。成吉思汗一直想找金人报仇,临死之前,他对儿子窝阔台说:"要灭亡金朝,就要向宋朝借路。"

窝阔台记住了父亲的话,他继承汗位后,先是向南宋借路,攻破了金国的都城开封。金哀宗吓得一路逃到了蔡州,蒙古又与南宋联合,围攻蔡州。

金哀宗只好向南宋求和,说:"蒙古灭掉金国后,下一个就会灭掉宋朝。不如你跟我联合,这样对宋、金都有好处。"

宋理宗才懒得理他呢,最后,金哀宗在绝望中自杀了。公元1234年,金国正式宣告灭亡。

来自开封的加密快报!

钓鱼城之战

跟我去蒙古吧！

野心勃勃的窝阔台灭掉金国后，第二年就将矛头指向了南宋。从那以后，南宋与蒙古之间战争不断。

公元1258年8月，蒙古可汗蒙哥统帅大军，兵分三路进攻南宋。塔察儿率领东路军进攻荆山，忽必烈率领中路军进攻鄂州，蒙哥则亲自率领西路军进攻四川。最后，三路大军会师，合力攻取南宋都城临安。

蒙哥率领的军队来势汹汹，很快就打到了钓鱼城。驻守钓鱼城的是王坚，一接到蒙古军队南下的消息，他立刻调兵遣将，囤积粮食，做好抗战的准备。

蒙哥率领蒙古大军兵临钓鱼城城下。他试图不费一兵一卒取胜，就派降臣晋国宝进城劝降。可晋国宝说得口干舌燥，也没能打动王坚。王坚将晋国宝押到阅武场（练兵场），斩首示众，军威大振。

蒙哥得到消息后，气得七窍生烟，立刻派大军进攻。蒙古军队彪悍勇猛，而宋军则英勇无畏，两军展开了激烈的战斗。战争一直持续到次年6月，天气渐渐变得炎热起来。蒙古士兵不适应南方湿热的天气，很多人都病倒了。蒙哥看在眼里，急在心里，他决定速战速决。

为了探查军情，蒙哥命人在东门附近筑造了一座高台。这天，蒙哥登上高台，准备亲自察看军情。谁知他还没来得及看清楚，一块飞石从宋军阵地呼啸而来，一下子就砸中了蒙哥，顿时鲜血直流。

王坚知道后，命人把两条三十多斤重的大鱼和十几张面饼，并附带着一封信，用投石机抛到蒙古军营附近。

蒙哥把信展开，只见信上写着："蒙哥，我知道你们最近缺粮少米，一直在饿肚子，我非常同情你，就派人送来一些食物。你放心，我们城里的粮食和水都非常充足，足够我们再坚持十年八年了。我听说你最近不小心挨了一下飞石，哎哟，赶紧找个大夫吧，不然，万一有个三长两短，你可就要客死异乡了呀！"

蒙哥越看越怒，气急攻心，一口血喷了出来。没多久，他就死去了。蒙哥一死，蒙古内部为了争夺汗位起了内讧，三路大军纷纷北撤。

南宋军队历尽艰辛，终于取得了钓鱼城保卫战的胜利。

襄阳陷落，南宋门户大开

公元1267年，蒙古大将阿术在降将刘整的建议下，率领大军直取襄阳。襄阳地势险要，自古以来就是兵家必争之地，也是大宋抵抗蒙古大军的重镇。

蒙古军队来势汹汹，妄图一下子攻占襄阳。谁知襄阳守军宁死不屈，拼死抵抗蒙古军队的进攻。

蒙古大军攻了很久，都没有攻下襄阳，就想出一条诡计，向大宋提出在襄阳城外设立榷场，双方进行贸易往来。

守将吕文德信以为真，接受了建议。没多久，蒙古军队在襄阳城外筑起堡垒，彻底切断了襄阳城的粮道。

吕文德这才明白过来，又悔又恨，一气之下竟病倒了，没多久就死了。吕文德病死后，南宋士气大跌，而蒙古军队却趁机猛攻襄阳。

朝廷知道襄阳被围后，立刻命令其他军队支援襄阳。张世杰、夏贵等大将纷纷率兵前往。

可惜，蒙古军队非常狡猾，他们采取"围点打援"的计策，一边派大军继续围困襄阳，一边狠狠打击前来支援的军队。在这种情况下，援军纷纷以失败告终。

襄阳军民得不到支援，只好自力更生，浴血奋战，一次次打退敌人的进攻。

公元1273年，被蒙古大军围困了五年的襄阳在没有支援、没有粮食的情况下，被迫投降了。

民族英雄文天祥的绝笔信

编辑老师：

你们好！一直以来，我们生活在一个危机四伏的王朝。入侵者先是金人，后是蒙古人，大宋的百姓长期处在水深火热之中。

忽必烈领军南下时，我不想眼睁睁地看着国土沦陷，于是变卖家产，组织义军起来抵抗元军（蒙古大汗忽必烈于1271年改国号为"大元"）。尽管如此，元军还是攻破了都城临安。

皇上（宋恭帝）投降后，我和陆秀夫、张世杰等人拥护皇上的哥哥（即宋端宗赵昰）称了帝，继续与元军对抗。可是皇上年纪小（只有8岁），经不住一路颠沛流离，不幸驾崩。前不久，元军派兵偷袭，我不幸被俘。元军劝我投降，并承诺给我加官晋爵，但是他们也太小看我了。我曾发誓要与国家共存亡，现在是我实现自己誓言的时候了。

永别了！同胞们！永别了！这片我曾经眷恋着的土地！

文天祥

文先生：

您好，早就听说了您的英雄事迹，您能文能武，出类拔萃，是我们大宋的骄傲。您对国家的一片忠心，让我们感动万分，也惭愧万分。

国破家亡的局面，谁都不忍心看到。可是，事实终究是事实，已经无法改变了。我知道，如果我跟您说男子汉要忍辱负重、能伸能屈之类的话，您一定也听不进去。

既然如此，我们也只能祝福您一路走好！人们会永远记住您，您的光辉也将永载史册！

报社编辑

（1279年，文天祥被押送到元朝都城大都，他宁死不降，于1283年被元人杀害。）

崖山海战，南宋彻底灭亡

元军攻占了大宋的都城临安后，一路追赶南宋的小皇帝赵昺。公元1279年，宋军在张世杰的率领下，与投降元朝的宋将张弘范在崖山的海上对峙。

宋军虽然号称有二十多万兵力，实际有十多万是文官、宫女、太监等人，而元军却有十多万兵力。

为防止士兵逃跑，张世杰破釜沉舟，下令将陆地上的宫殿、房屋全部烧毁，并把海上的一千多条战船用绳索连接起来，排成一字阵。

张弘范见宋军的船只都连在一块儿，以为有机可乘，就采用"火攻"的方法，将小船上装满茅草，再浇上油、蜡，点燃后冲入宋军的船队。

谁知，张世杰料到了这招，早就命令士兵在船上涂了厚厚一层湿泥，还在船头绑上一根根长长的木头，用来抵住元军的火船。

张弘范眼见火攻不成，又想出了一个诡计：封锁。他派遣大量的船只堵住海口，让宋军上不了岸。宋军被迫一直待在海上，食物和淡水得不到补充，许多士兵都病倒了。

这时，元军将领李恒率领另外一支大军，和张弘范汇合，元军实力大增。张弘范趁机发动进攻。

宋军拼死抵抗，战斗从晌午一直持续到傍晚，鲜血染红了海面。

忽然，宋军的一条船上飘起了降旗。接着，其他宋船上也纷纷举起了降旗。

天下风云

张世杰知道大势已去，赶紧命人去把小皇帝接过来，准备突围。

小皇帝坐的船由陆秀夫守卫着，陆秀夫分不清来使的真假，就拒绝了。

等使者一离开，陆秀夫就对小皇帝说："眼看着国家就要灭亡了，陛下您也只能以身殉国了。"说完，他就背着小皇帝一起跳进了大海。

张世杰没有接到小皇帝，只好率领剩下的船只，趁着夜色突围。当他撤到海陵山时，仔细清点了一下船只，发现1000条战船只剩下了十几条，不由得深深叹了一口气。这时，海上刮起了一阵大风，船只在海上摇摇晃晃。

一个士兵劝道："大人，风太大了，船只随时会被大浪打翻，您还是上岸避一避吧！"

张世杰摇头拒绝了："到了这种时候，我还避什么呢！与其上岸后被元人俘虏，我还不如就葬身在这大海里呢！"

不久，一阵大浪袭来，一下子就把他的船打沉了。张世杰落到水里，壮烈牺牲了。

这是公元1279年3月19日，一个悲壮的日子。这一天，南宋彻底灭亡了。

百姓茶馆

王书生

为什么会亡国？大宋从开国起，就已经播下了亡国的种子。皇帝为了巩固皇权，把军队交给文官统领。这样的军队怎么能打胜仗？打了败仗就求和，然后接着打败仗，再求和……大宋就这样被拖垮了。

赵书生

王兄说得对，我觉得还有一个重要原因。朝廷的官僚机构太庞大，各种官衔太多，不仅处理事务的效率低，财政开支也大得惊人。时间一长，朝廷的包袱就越来越重。唉……

刘书生

昏君和奸臣也是亡国的重要原因。大宋出现了不少腐败、荒淫的皇帝，像真宗、徽宗、高宗、宁宗……还有奸臣，如蔡京、秦桧、贾似道……

关孙是被赵禥害死的

理宗时期,民间流传了一个叫"魏紫姚黄"的传说。

大家都知道,理宗有一个姐姐嫁给了魏峻,生下一个孩子叫关孙。关孙灵巧可爱,理宗的母亲非常喜欢他,常常在理宗面前提起这个外孙。有一次,她还向理宗提出给关孙安排一个官职。理宗也不知道这个关孙到底怎么样,就说:"先召他进宫看看吧。"

按照规定,除了赵家子弟,其他人进宫一律要佩戴腰牌。不过这次关孙进宫,没有搞得那么正式,只是化名"赵孟关",就顺顺利利地进了宫。

刚好,理宗的养子赵禥(即后来的宋度宗)几乎与他同时进宫。赵禥听说了关孙进宫的情况,又听说理宗召见关孙后,对他非常喜爱,还赐他宗子的名字。赵禥心里又嫉妒,又害怕,想:难道父皇想让关孙来取代我?于是,他故意散播谣言,说理宗想立关孙为"魏太子"。

谣言传来传去,就有了"魏紫姚黄"的说法。魏紫、姚黄是两种牡丹花。魏紫出自宋初宰相魏仁浦家里,用来指关孙出身高贵;姚黄出自平民之家,用来指赵禥出身低微(他的母亲是个侍女)。大家都说,赵家的江山马上就要姓魏啦!

其实,理宗根本就没有这个想法,是赵禥太小心眼儿了。可是没过多久,关孙就出了一场"意外",淹死在花园的一个池子里。不过,他究竟是自己淹死的,还是被人谋害的,恐怕只有赵禥知道了。

名人有约

特约嘉宾：
文天祥

身份：抗元名将

大：大嘴记者　**文**：文天祥

大：您好，我是大嘴记者，非常感谢您接受我们的采访！您常常说自己"起身白屋"，是说您是平民出身吗？

文：是的，我祖祖辈辈都是平民百姓，从来没有做过官。

大：那您的一身学问，是谁教的呢？

文：我的父亲和我的老师。我的父亲是个读书人，他嗜书如命，知识渊博，常常亲自教导我们学习；我的老师欧阳守道是白鹭洲书院的校长，他德高望重，坚持正义，一直都是我学习的榜样。

大：请问那时候您喜欢读哪类书籍呢？

文：我小时候最爱读《忠臣传》。我非常仰慕那些忠烈之士，我记得有一次瞻仰先贤的遗像，看到了欧阳修、杨邦乂（yì）的像，就暗暗发誓，长大后一定要成为像他们一样的民族英雄。如果我死后，不能像他们那样受人尊敬，那我就枉为大丈夫！

大：胸怀大志，难怪21岁就考中了状元！这可是件很了不起的事情啊。

文：您这么一说，我想起我考试那天，刚好生了病，人浑浑噩噩的。但

名人有约

进考场的时候,由于考生太多,大家你推我搡,我被挤得出了一身汗,病好像一下子就好了,头脑也清醒了。所以考试的时候,文章写得特别顺畅。

大:哇,真神奇!听说您当宰相时,曾经出使元营,却被元人扣留了,有这回事吗?

文:唉,那时候元军把临安包围了,太皇太后(即谢道清)派我去和元人议降,谁知元人竟蛮不讲理地把我扣留了。没多久,太皇太后和皇上就向元军投降了。

大:太皇太后也是迫不得已啊,失去您后,她在朝中连个可依靠的大臣都没有。后来您是怎么逃出来的呢?

文:后来,元人想把我送到大都去,我在路上悄悄乘船逃跑了。可是前不久,我军在五坡岭遭到元人偷袭,现在我又落到了元人手中。我本想吞药自杀,可药力失效,未能如愿。

大:听说元人要您写信招降张世杰,您宁死不从,还写了一首《过零丁洋》表明自己的忠心。

文:辛苦遭逢起一经,干戈寥落四周星。山河破碎风飘絮,身世浮沉雨打萍。惶恐滩头说惶恐,零丁洋里叹零丁。人生自古谁无死,留取丹心照汗青!

大:好一句"人生自古谁无死,留取丹心照汗青",您的精神实在是令人敬仰呀!

文:国家都没了,敬仰还有什么用啊……

大:……

广 告 铺

卖房公告

这些年，朝廷为了筹集军费，增印了大量纸币，导致纸币一再贬值，物价飞速上涨，米价上涨了十倍。我只是个小老百姓，经不起朝廷这么折腾，所以我决定带全家离开大宋，去国外生活。家里还有几间祖房（田地已经卖光了），愿便宜卖出，有意者请在三天内与我联系。

文人老唐

不准跟皇上提蒙古人入侵

昨天有个宫女胆大包天，竟敢跟皇上（宋度宗）说襄阳已经被蒙古军包围三年了！该宫女现在已经被处死。我在这里再次强调，不准任何人在皇上面前提蒙古人入侵的事，以免打扰皇上饮酒作乐的雅兴。

宰相贾似道

谴责张弘范

张弘范身为宋人，却帮助蒙古人灭掉了大宋，还在崖山立了块碑，上面写着"镇国大将军张弘范灭宋于此"。张弘范这种毫无民族气节的人，真是人人得而诛之！

崖山百姓联合上书

智者为王

智者第 4 关

1. 岳飞统帅的军队叫什么？
2. "武官不怕死，文官不贪财，天下就太平了。"这句话是谁说的？
3. "撼山易，撼岳家军难"是谁说的？
4. 岳飞被杀的"罪名"是什么？
5. 哪个皇帝为岳飞平了反？
6. 在采石大战中大败金军的书生是谁？
7. 隆兴北伐的将领是谁？
8. 《示儿》是谁的遗作？
9. 金国是被谁消灭的？
10. 蒙古大汗蒙哥死于哪场战争？
11. 哪场战争使南宋门户大开？
12. "宋末三杰"分别指谁？
13. 南宋末年的大奸臣是谁？
14. 宋朝末年著名的女政治家是谁？
15. "人生自古谁无死，留取丹心照汗青。"是谁说的？
16. 宋末的最后一战在哪儿？
17. 南宋是哪一年正式灭亡的？
18. 南宋持续了多少年？

智者**无敌**　王者**为大**

智者为王答案

第❶关答案

1. 赵匡胤。
2. 防止大将夺位，巩固皇权。
3. 先南后北。
4. 太祖的弟弟赵光义，即宋太宗。
5. "卧榻之侧，岂容他人酣睡。"
6. 厚禄养廉。
7. 赵普。
8. 因为太祖的儿子年纪太小，他怕宋朝重蹈后周的覆辙。
9. 崇文院。
10. 北汉。
11. 宋太宗。
12. 杨业。
13. 没有，传给了儿子赵恒，即后来的宋真宗。
14. 宋真宗。
15. 寇准。
16. 萧太后。
17. 澶渊之盟。
18. 泰山封禅。

第❷关答案

1. 李元昊。
2. 三场，分别是三川口之战、好水川之战和定川寨之战。
3. 庆历和议。
4. 交子。
5. 庆历新政。
6. 包拯。
7. 包拯不是黑脸，额头上也没有月牙记号，那是后世戏剧里的人物形象。
8. 毕昇。
9. 出自《岳阳楼记》，作者是范仲淹。
10. 苏堤。
11. 两次。
12. 是的，恢复了王安石变法中的保甲法、青苗法和免役法。
13. 苏洵、苏轼、苏辙。
14. 编写了《资治通鉴》。
15. 编年体。
16. 沈括。

智者为王答案

第❸关答案

1. 完颜阿骨打。
2. 金国。
3. "花石纲"。
4. 《清明上河图》。
5. 瘦金体。
6. 蔡京、童贯、高俅、杨戬。
7. 蔡京、童贯。
8. 苏轼、黄庭坚、米芾、蔡襄。
9. "靖康之难"。
10. 康王赵构,即后来的宋高宗。
11. 张邦昌。
12. 宋徽宗是宋钦宗和宋高宗的父亲,宋高宗和宋钦宗是同父异母的兄弟。
13. 宗泽。
14. 韩世忠。
15. 钟相和杨太。
16. 岳飞、韩世忠、张俊、刘光世。
17. 李清照。

第❹关答案

1. 岳家军。
2. 岳飞。
3. 金人。
4. 莫须有。
5. 宋孝宗。
6. 虞允文。
7. 老将张浚。
8. 陆游。
9. 宋与蒙古的联军。
10. 钓鱼城之战。
11. 襄阳之战。
12. 文天祥、张世杰、陆秀夫。
13. 贾似道。
14. 谢道清。
15. 文天祥。
16. 崖山。
17. 1279年。
18. 152年。

给力的答案!